ÉTUDE

SUR

JEANNE D'ARC

SA VIE, SES VOIX, SA SAINTETÉ,

SA SOUMISSION A L'ÉGLISE,

SON PROCÈS ET L'AUTORITÉ ECCLÉSIASTIQUE

PAR

l'Abbé J.-B. JAUGEY

Licencié en Théologie.

LANGRES   PARIS

J. DALLET, LIBRAIRE-ÉDITEUR,   DURAND & PEDONE-LAURIEL, LIBRAIRES,

17, PLACE CHAMBEAU, 17.   9, RUE CUJAS.

JEANNE D'ARC

CHAUMONT. — IMPRIMERIE ET LITHOGRAPHIE C. CAVANIOL.

ÉTUDE

SUR

JEANNE D'ARC

SA VIE, SES VOIX, SA SAINTETÉ,

SA SOUMISSION A L'ÉGLISE,

SON PROCÈS ET L'AUTORITÉ ECCLÉSIASTIQUE

PAR

l'Abbé J.-B. JAUGEY,

Licencié en Théologie.

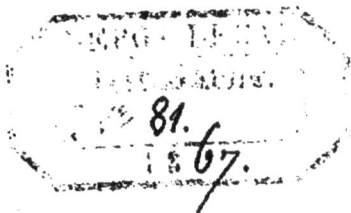

81.
1867

LANGRES

J. DALLET, LIBRAIRE-ÉDITEUR,

17, PLACE CHAMBEAU, 17.

PARIS

DURAND & PEDONE-LAURIEL, LIBRAIRES,

9, RUE CUJAS.

1867

PRÉFACE

———

L'histoire de France n'offre point de figure plus sympathique que celle de Jeanne d'Arc : gloire, vertus, malheurs, cette héroïne a tout ce qui attire l'intérêt des hommes. Fille de la France et de l'Eglise, Jeanne d'Arc a été vendue par de mauvais Français et condamnée par de mauvais prêtres : elle n'a pas même obtenu de la postérité justice entière. Plusieurs historiens ont cherché à la découronner de son plus beau titre de gloire, qui est sa mission surnaturelle, la représentant comme une hallucinée, une visionnaire ; beaucoup hésitent à reconnaître en elle une envoyée du ciel ; d'autres prétendent que si elle reçut une mission, elle ne l'a pas accomplie avec fidélité ; enfin on n'a pas craint de la calomnier en faisant d'elle une fille rebelle à sa mère la sainte Eglise catholique.

C'est à l'Eglise que la France doit ce sauveur, puisque c'est l'Eglise qui a rendu Jeanne sainte, et, par conséquent, propre à recevoir l'inspiration divine, puisque ce sont les anges et les saints de l'Eglise qui ont fait connaître à Jeanne la volonté de Dieu sur elle, et qui l'ont miraculeusement protégée; cependant bien des Français ingrats ont dénaturé l'influence de l'Eglise sur la mission de Jeanne, et ont rejeté sur le corps ecclésiastique tout entier, sur l'institution elle-même, ce qui, dans son malheureux procès, a été le fait de quelques individus seulement. Dans ce travail j'essaierai de rendre à Jeanne toute la gloire qu'elle mérite, et de venger l'Eglise des imputations calomnieuses de ses ennemis.

Je chercherai dans la vie de Jeanne d'Arc à faire ressortir son vrai caractère, c'est-à-dire que je montrerai en elle le Messie miraculeusement envoyé par le Très-Haut pour le salut de la France, le Sauveur accomplissant la rédemption de sa patrie au prix de son sang, la pieuse chrétienne ornée de toutes les vertus qui font les grands saints. Je m'attacherai ensuite à démontrer la nature miraculeuse de son inspiration, l'héroïsme de sa sainteté, et sa soumission à l'Eglise; enfin, dans un dernier chapitre, je prouverai que l'odieux de son procès ne doit point retomber sur le corps de l'Eglise, ni sur l'Inquisition, mais exclusivement sur les lâches et les traîtres qui ont condamné Jeanne.

CHAPITRE PREMIER.

Coup d'œil sur l'état de la France. — Apparition de Jeanne d'Arc. — Premières années de Jeanne.— Ses voix.— Son départ pour Chinon. — Accueil du Roi. — Examens qu'elle subit (1).

Après une longue suite d'infortunes, la France était tombée au dernier degré de faiblesse et d'humiliation ; elle avait perdu sa force matérielle et sa force morale. Le dauphin Charles n'avait plus que le quart de son royaume; Paris était au pouvoir de l'Anglais, et le roi légitime avait dû choisir Bourges pour sa capitale. Ce qui était plus triste que toutes les défaites, la France entière était découragée : les misères d'une guerre séculaire, les scandales donnés par les plus hauts représentants de l'aristocratie, les insurrections populaires des maillotins et des cabochiens, les brigandages des divers partis qui s'étaient successivement emparés du pouvoir, avaient comme éteint les nobles sentiments dans les cœurs français.

(1) Cette vie de Jeanne d'Arc est en grande partie empruntée à l'ouvrage intitulé: *Histoire mémorable de la vie de Jeanne d'Arc*, extraite des interrogatoires et responses à iceux contenus au procès de condamnation, etc., par Jean Masson, archidiacre en l'église de Bayeux. Paris, MDCXII. Je me suis également servi de l'Histoire du siége d'Orléans, des pièces des deux procès, et des meilleurs ouvrages modernes sur la matière. (Wallon, Quicherat, Gœrres, Renard, etc.)

A aucune époque de notre histoire, on n'a vu un abaisse-
ent des caractères aussi profond et aussi universel. A
la tête de cette société est un roi livré aux plaisirs et dou-
tant même de ses droits au trône ; il a eu pour père un
fou et pour mère une débauchée. Les princes du sang ne
songent qu'à leurs intérêts privés et violent les lois les
plus sacrées pour un peu d'or et de puissance : le clergé
a des évêques, des prêtres et des universités capables
de trahir leur roi et de condamner Jeanne : la bourgeoisie
est animée de meilleurs sentiments, mais elle se lasse de
la guerre et livre souvent, sans essayer de résistance, ses
villes aux Anglais : le peuple des campagnes, plongé dans
la plus profonde misère est prêt, pour l'ordinaire, à obéir
au plus fort, et embarrassé même pour reconnaître son
souverain légitime. Le roi garde encore autour de lui une
poignée de braves, mais il n'a pas le courage de se mettre
à leur tête, livré qu'il est aux influences d'indignes favo-
ris, qui se disputent, sous ses yeux, une vaine apparence
de pouvoir.

La France offrait donc tous les symptômes d'une fin
prochaine ; et le spectateur qui eût suivi le cours de cette
maladie de la société attaquée à l'intérieur comme à l'extérieur, eût cru pouvoir en marquer le dernier instant.
Cependant l'heure suprême n'avait point sonné pour la
France, Dieu réservait à la fille aînée de son Eglise une
trop belle mission pour la laisser périr ; il n'avait permis
qu'elle descendît jusqu'aux portes du tombeau que pour
l'en retirer avec plus de gloire.

En effet, si les moyens humains semblaient manquer,
un observateur attentif et chrétien eût pu remarquer dans

cette société mourante, un signe de résurrection. Au milieu des malheurs publics, la vie chrétienne avait repris dans le peuple et chez les âmes pieuses une nouvelle vigueur : des missionnaires comme Thomas Couette, le frère Richard, enfants de saint Dominique ou de saint François, remuaient la France par leurs prédications : dans les monastères, comme dans le monde on adressait au ciel de ferventes prières pour la cessation des calamités publiques, et des extatiques, comme Marie d'Avignon, avaient prédit qu'après de longs malheurs le ciel aurait enfin pitié du royaume. D'ailleurs, le puissant patron de la France, l'archange saint Michel, Charlemagne et saint Louis veillaient sur ses destinées. Ces prières de la terre, et cette protection de l'Eglise triomphante furent le salut de notre pays, et le Messie tant désiré parut enfin dans la personne d'une jeune bergère de dix-sept ans.

Bien des gens riront de cette manière d'expliquer la délivrance de la France ; mais cette explication est entièrement fondée sur les faits, et on n'en a pas encore donné d'autres qui eussent quelque apparence de raison. Du reste, c'est ainsi qu'expliquait sa mission celle qui a sauvé la France. « Je vous dis, ce sont les paroles de Jeanne au roi, que Dieu a pitié de vous, et de votre royaume et de votre peuple, car saint Louis et Charlemagne sont à genoux devant lui en faisant prières pour vous. »

En ces jours de deuil pour la France, il y avait à Domremy, dans la seigneurie de Vaucouleurs, une jeune pucelle, fille de Jacques d'Arc et d'Isabeau Romée, laboureurs honnêtes, mais pauvres. Dans son enfance on l'appelait communément Jeannette. Quand elle fut un peu plus grande, elle menait paître aux champs le troupeau de brebis et le bétail de son père, allait quelquefois au labourage avec lui et avec ses frères pour leur aider, et faisait le ménage de sa maison avec sa mère, et autres choses qu'elle lui commandait. Elle filait du chanvre et de la laine, cousait, et ne « craignait, disait-elle, femme de Rouen à filer. » Elle avait deux frères et une sœur et allait souvent avec cette dernière à l'ermitage de Notre-Dame de Bermont.

Sa mère lui ayant appris le « Pater noster, Ave Maria, et sa créance, » elle fréquentait les lieux saints fort volontiers, et allait souvent à l'église entendre la messe. Quand elle était aux champs avec ses compagnes faisant paître leurs bêtes, aussitôt qu'elle entendait sonner les cloches quelque part, elle faisait le signe de la croix et se mettait à genoux pour prier; parfois elle se retirait à part derrière quelque haie ou buisson pour faire plus à son gré ses oraisons. Elle donnait volontiers aux pauvres, se confessait presque tous les mois, jeûnait, pleurait et faisait souvent « ses pâques » (la communion). Après Dieu, elle avait une spéciale dévotion à la Vierge Marie.

Tel était le sauveur préparé au royaume de France : c'était, dit Maistre Martial de Paris :

> « Une chose de Dieu venue
> « Un ange de Dieu amyable
> « De quoy toutesfois la venue
> « Fut au royaume profitable. »

Dès l'âge de treize ans, Jeanne (1) eut la voix de Dieu
« pour se gouverner » comme elle dit elle-même. Ces
voix lui vinrent pour la première fois, vers midi, en temps
d'été au jardin de son père : d'abord elle eut peur, puis
« voua sa virginité tant qu'il plairait à Dieu. » Ces voix
qu'elle entendit étaient celles de sainte Catherine et de
sainte Marguerite. La figure de ces saintes, était, disait
Jeanne, « coronnée de belles coronnes fort précieuses
et riches » : elle dit encore dans son procès qu'elle « les
accoloit (embrassait) par le hault, et ne les pouvoit accoler
sans les sentir et toucher. » Elle vit aussi plusieurs fois
l'archange saint Michel (2) : la première fois qu'elle le vit
elle était jeune enfant et fut saisie de frayeur, « depuis il
lui enseigna et montra tant qu'elle crut fermement que
c'était-il (lui). » Ce messager lui disait qu'elle fût bonne
fille et que Dieu lui aiderait; il lui raconta la pitié qui
était au royaume de France et lui dit d'aller au secours
du roi. Il lui apparaissait en la fo.me « d'un très-vray
preud'homme et à l'habit, » et elle croyait en ses dits et
faits, comme elle croyait que Notre-Seigneur Jésus-Christ
a souffert mort et passion pour nous, d'autant qu'il lui
avait donné « bonne consolation et doctrine. » Jeanne
voyait aussi d'autres anges, elle leur « faisait la révérence, et, après leur partement, baisait la terre où ils
avaient reposé; » elle a encore raconté qu'ils venaient

(1) Ce qui va être raconté de ses voix est tiré des pièces des
deux procès, comme du reste tout ce qui en sera dit dans le récit
de sa Vie; tous ces détails ont donc été donnés par elle-même.

(2) La première voix que Jeanne entendit fut celle de cet archange.

souvent parmi les chrétiens, sans qu'on les aperçût et qu'elle les y a vus maintes fois. Ces voix l'appelaient ordinairement : Jeanne la Pucelle, fille de Dieu ; et, dans les derniers temps de son séjour à Domremy, elles lui disaient jusqu'à trois fois la semaine, qu'elle allât en France (1) et qu'elle lèverait le siége d'Orléans. « Elle croyait, disait-elle, que ces voix venaient de Dieu, comme elle croyait que Dieu nous a rachetés des peines de l'enfer, » elle ne consulta là-dessus « évêque, curé, ni aucune personne ecclésiastique. » Ces apparitions lui durèrent depuis l'âge de treize ans jusqu'à sa mort (à vingt ans) : elles lui venaient plusieurs fois la semaine, et, en certaines occasions, plusieurs fois le jour. Elle les appelait son conseil et se gouvernait uniquement d'après leurs avis.

Excitée par ces voix et toute remplie de la grande mission que le ciel lui confiait, Jeanne disait quelquefois : « Il y a entre Empremé et Vaucouleurs une fille qui avant un an fera sacrer le roi de France. » D'autres fois on l'entendait annoncer que bientôt les Français feraient quelque grande chose que Dieu leur enverrait, et que Charles, fils de Charles de France, aurait presque tout le royaume. Ses voix la pressaient chaque jour de plus en plus : « Hâte-toi, lui disaient sainte Catherine et sainte Marguerite, va-t-en à Vaucouleurs vers Robert de Baudricourt ; il te baillera des gens d'armes pour te conduire au Dauphin. »

Ses parents n'avaient que du mépris pour ce qu'elle

(1) Ancien duché de France.

leur racontait de ses apparitions, et son père eût mieux aimé, disait-il, la noyer que de la laisser aller en France avec des gens d'armes. Grâce à un de ses oncles, nommé Bertrand Laxart, qui la prit quelque temps chez lui, elle put se rendre à Vaucouleurs chez Robert de Baudricourt, capitaine de la ville. Elle dit à ce gouverneur : qu'elle était venue vers lui de la part de son Seigneur (Dieu) afin qu'il mandât au Dauphin : qu'il se gardât bien de donner bataille à ses ennemis, car son Seigneur lui donnerait secours dans la mi-carême : que le royaume appartenait au Dauphin, et que Notre-Seigneur voulait que le dit Dauphin fût fait roi, et qu'elle le mènerait sacrer à Reims. Baudricourt refusa de la croire, regardant ses visions comme les fantaisies d'une imagination malade, et même il la voulut retenir pour que « ses gens s'en servissent en péché charnel, mais sitôt qu'ils la regardaient fort, ils étaient tout refroidis de luxure. »

Jeanne, ainsi rebutée, n'en crut pas moins fermement à ses voix. « Il (Baudricourt), disait-elle, ne se soucie, ni de moi ni de mes paroles, si faut-il pourtant que j'y sois dans la mi-carême, puisque Monseigneur le Roi du ciel le veut ; et y irai, quand j'y devrais aller sur mes genoux : car je veux coronner le Dauphin, et n'y a personne au monde, ne roi, ne duc, ne la fille du roi d'Ecosse ou autre, qui puisse recouvrer le royaume de France et qui ait secours que par moi ; combien que j'aimerais mieux vivre près de ma pauvre mère, veu que ce n'est pas mon état. Mais il faut que je fasse cela, car Dieu veut ces choses-ci. »

Lui demandait-on quand elle voudrait aller en France :
« Plutôt aujourd'hui que demain, répondait-elle, et plutôt
demain qu'après : le temps m'est aussi pesant de ce que
je ne suis conduite vers Monsieur le Dauphin, comme
pourrait être à une femme grosse. J'irai, disait-elle encore, vers le roi, quand je devrais perdre les pieds jusqu'aux genoux. »

Après un voyage auprès du duc de Lorraine, qui l'a-
vait appelée sur le bruit de ses apparitions, et un péleri-
nage à Saint-Nicolas de Nancy, elle détermina son oncle
à la ramener à Vaucouleurs. Baudricourt hésita encore
longtemps, mais enfin un signe du ciel le décida à se
rendre aux prières de Jeanne. Les Français venaient
d'éprouver une défaite à Rouvray à la journée dite des
harengs ; le combat avait eu lieu à une distance de Vaucouleurs de plus de cent lieues, et cependant Jeanne le
sut et l'annonça le jour même à Baudricourt, lui décla-
rant que « le roi avait eu grand dommage devant Orléans,
et aurait encore plus, si elle n'était menée devers lui. »
Baudricourt se résolut enfin à la faire partir. Les habitants lui firent apprêter des habits d'homme qu'elle revêtit
par le commandement de ses voix, et lui achetèrent un
cheval ; Baudricourt lui donna une épée en lui disant :
« Va, et qu'il t'advienne ce que pourra. » Elle partit accompagnée d'un écuyer et de quatre serviteurs qui
avaient juré de la conduire au roi.

A son départ, ses voix lui dirent : « Va hardiment, car
quand tu seras devant le roi, il aura bon signal de te recevoir et de te croire : un ange de paradis lui baillera ce
signal, et les gens d'église cesseront de t'arguer ayant su

ce signal. » Pendant le voyage, elle disait à ses compa-gnons qu'ils n'eussent point peur, car ses frères de para-dis lui enseignaient ce qu'elle avait à faire, et qu'il y avait déjà quatre ou cinq ans que ses dits frères de para-dis, et son Seigneur, à savoir Dieu, lui avaient dit qu'elle irait à la guerre pour le recouvrement du royaume de France.

Arrivée à Sainte-Catherine de Fierbois, petit village à quelques lieues de Chinon, Jeanne fit demander au roi la permission d'entrer dans la ville. Cette permission lui fut accordée ; mais elle dut encore attendre quelques jours avant d'être admise à l'audience royale. Lorsque Charles après bien des hésitations consentit enfin à la recevoir, elle le reconnut incontinent par le moyen de ses voix, et lui dit : « O brave seigneur Dauphin, je suis envoyée de la part de Dieu, pour vous donner de l'aide et au royaume. » Elle lui annonça ensuite, « qu'elle lèverait le siége d'Orléans par grâce divine et force d'armes, le ferait couronner à Reims, mettrait les Anglais en fuite, et que la volonté de Dieu était que les Anglais s'en retour-nassent dans leur pays, lui laissant son royaume en paix. » Pour achever de convaincre le prince qui paraissait ba-lancer encore, Jeanne lui découvrit un secret que seul il connaissait, et qui n'avait pu arriver à la connaissance d'autrui que par voie de révélation. On n'a jamais su précisément en quoi consistait ce secret, et Jeanne, mal-gré les instances réitérées de ses interrogateurs, a cons-tamment refusé de le découvrir ; mais ce qui est certain, c'est que le roi, qui entretenait Jeanne à quelque dis-tance de la compagnie, parut très-impressionné. « On eût dit, d'après Alain Chartier, que le roi venait d'être visité du Saint-Esprit même. »

Cependant Jeanne n'était pas au bout de ses peines; elle dut subir deux examens devant les gens d'église, l'un à Chinon, l'autre à Poitiers. A Chinon, elle déclara qu'elle était envoyée de Dieu, et qu'elle faisait tout par le conseil de ses voix : les prélats et les docteurs ne trouvèrent en elle rien qui fût contraire à la foi catholique, et la reine de Sicile, belle-mère du roi, reconnut elle-même qu'elle avait gardé sa virginité. On raconte que vers ce temps, un soldat ayant osé en sa présence renier Dieu et proférer une plaisanterie grossière : « Ah! en nom Dieu (au nom de Dieu), s'écria-t-elle, tu le renies et pourtant tu es si près de ta mort. » Une heure après cet homme se noya. Sur les instances de son confesseur, le roi lui demanda comment elle entrait en rapport avec ses voix; elle répondit qu'elle se retirait à part, quand on ne voulait pas croire à sa parole, et s'en plaignait à Notre-Seigneur : alors une voix lui disait : « Fille de Dieu, va, va, va, je serai à ton aide, va. » Quand elle entendait cette voix elle se réjouissait fort, et qui plus est, en répétant les paroles qu'elle avait entendues « elle s'esjouissoit merveilleusement levant ses yeux au ciel. »

Sur ces entrefaites, le roi se rendit à Poitiers; Jeanne l'y accompagna; elle y fut de nouveau soumise à un examen très-sérieux. Interrogée sur ses voix, elle répondit : « Que Dieu avait grand pitié du peuple de France, que ses voix lui avaient commandé d'aller en France, et qu'alors elle s'était prise à pleurer. On lui objecta qu'elle ne devait point demander de gens de guerre, si Dieu voulait lui-même délivrer la France : « En nom Dieu, dit-elle, les gens d'armes batailleront et Dieu donnera la victoire. » Frère Séguin, doyen de la faculté de théologie de Poitiers, lui demandant quel idiôme parlaient ses voix : « Meilleur que le vôtre », dit-elle ; il était limousin. Ce même examinateur lui dit qu'il serait imprudent de croire à ses paroles et de lui confier des gens d'armes, si elle ne montrait quelque signe : « En nom Dieu, répondit-elle, je ne suis pas venue à Poitiers pour y faire des signes, mais menez-moi à Orléans, et je vous montrerai des signes auxquels (pour lesquels) je suis envoyée, et qu'on me baille gens en telle quantité qu'on voudra et j'irai à Orléans. » Elle annonça en outre à frère Séguin et aux assistants : « Que les Anglais seraient détruits et le siége d'Orléans levé, que le roi serait sacré à Reims, que Paris serait rendu en son obéissance, et que le duc d'Orléans retournerait d'Angleterre (1). » On l'examina ensuite sur sa foi et ses mœurs, et on la trouva bonne chrétienne et bonne catholique. Les théologiens firent leur rapport au conseil et furent d'avis qu'on se pouvait aider de son secours.

(1) Il avait été fait prisonnier à la bataille d'Azincourt (1415).

CHAPITRE II.

Départ de Jeanne pour Orléans. — Levée du siége. — Voyage à
Reims. — Couronnement du roi.

Tous les obstacles étant levés par la décision des théologiens, Jeanne se rendît à Tours, où on lui fabriqua une
armure. Le roi voulut ensuite lui faire cadeau d'une belle
épée, mais elle la refusa, le priant d'en envoyer quérir
une, qui devait se trouver dans l'église de Sainte-Catherine de Fierbois, et dont elle fit la description. On trouva
l'épée à l'endroit indiqué par Jeanne; le roi émerveillé
lui demanda si elle l'avait donc vue auparavant; elle répondit que non, mais que ses voix la lui avaient fait connaître. Elle se fit également faire un étendard où était
peinte l'image de « notre Sauveur séant en jugement ès
nues du ciel » : de chaque côté se tenait un ange avec
des fleurs de lis à la main; pour devise on y avait écrit
ces deux mots : « Jhesus, Maria. » Sainte Catherine et
sainte Marguerite lui commandèrent de le prendre hardiment et de le porter. Le roi lui donna pour sa conduite
et garde, Jean Dolon, sénéchal de Beaucaire, un chapelain, des pages et des serviteurs, et elle se mit en
marche pour Orléans avec une armée de quelques mil-
liers d'hommes.

Arrivée à Blois, Jeanne ordonna à son chapelain de
faire faire une bannière où serait peinte l'image de Jésus
crucifié. Avec cette bannière elle rassemblait les prêtres
soir et matin, et chantait avec eux des antiennes et des

hymnes de la Vierge Marie. Elle ne permettait à aucun homme d'armes de se trouver à ces réunions, s'il ne s'était auparavant confessé. Au sortir de Blois, cette cohorte sacrée marcha devant les gens de guerre, chantant le « Veni Creator » et autres antiennes, et entra avec Jeanne à Orléans. De Blois, Jeanne, pour obéir à ses voix, fit offrir la paix aux Anglais : elle leur envoya un héraut avec une lettre qu'elle-même dicta. Voici cette lettre.

En tête étaient écrits ces mots :

JHESUS MARIA.

« Roy d'Angleterre faites raison au Roy du ciel de son sang royal. Rendez les clefs à la Pucelle de toutes les bonnes villes que vous avez enforcées. Elle est venue de par Dieu réclamer le sang royal, et est toute preste de faire la paix, si vous voulez faire raison, par ainsi que France vous mettrez jus et paierez de ce que vous l'avez tenue (à condition que vous renoncerez à la France et l'indemniserez des pertes que vous lui avez occasionnées). Roy d'Angleterre, si ainsi ne le faites, je suis chef de guerre : en quelque lieu que j'atteindrai vos gens en France, je les ferai issir (sortir), veuillent ou non, et s'ils ne veuillent obéir, à merci ne les prendrai. Croyez que s'ils ne veulent obéir la Pucelle vient pour les occire : elle vient de par le Roy du ciel, corps pour corps, vous bouter hors de France, et vous promet et certifie la Pucelle qu'elle y fera si gros hahay, que depuis mille ans en France ne fut vu si grand, si vous ne lui faites raison. Et croyez fermement que le Roy du ciel lui envoyra plus de force à elle et à ses bonnes gens d'armes, que ne sauriez avoir à cent assaux. Entre vous, archers et compagnons d'armes qui êtes devant Orléans, allez vous-en en votre pays de par Dieu, et si ainsi ne le faites donnez-vous garde de la Pucelle, et de vos dommages vous souvienne. Ne prenez mie (jamais) votre opinion que vous tiendrez mie France du Roy du ciel et du fils de Saincte Marie, mais la tiendra le roy Charles vray héritier, à qui Dieu l'a donnée, qui entrera en belle compagnie...... Duc de Bethefort, qui vous dites régent de France pour le roy d'Angleterre, la Pucelle requiert et prie que vous ne fassiez mie destruction. Si vous ne lui faites raison, elle fera tant que les François feront le plus beau fait que oncques fut fait en la chrétienté.

« Escript le mardy en la semaine sainte. Entendez des nouvelles de Dieu et de la Pucelle. »

Cette missive était adressée « Au duc de Bethefort qui se dit régent du royaume de France pour le roy d'Angleterre (1). »

Quand les seigneurs et capitaines anglais eurent lu cette lettre, « ils furent courroucés à merveille, et en dépit de la Pucelle dirent d'elle moult (beaucoup) de vilaines paroles, et par espécial l'appelant ribande, vachière et la menaçant de la faire brusler. » Ils retinrent le héraut porteur des lettres, « tenant à moquerie tout ce que Jeanne leur avait escript. »

(1) Cette lettre est rapportée avec quelques variantes par les différents auteurs ; mais ces variantes ne portent que sur la forme.

Elle arriva elle-même à Orléans le 29 avril 1429. Elle voulait pénétrer dans la ville « par le droit chemin où étaient Talebot et les Anglais; » mais on lui fit prendre, une route détournée, et les bateaux n'ayant pu arriver, parce que le vent était contraire, on se trouva dans un grand embarras. Jeanne s'adressant alors à Dunois, lui dit : « En nom Dieu, le conseil de Dieu, nostre Seigneur, est plus sûr et plus sage que le vostre : vous avez cru que je me trompais, et vous vous trompez plus vous-même; je vous amène le meilleur secours qui vint, jamais à aucuns gens d'armes ou ville, d'autant que le secours est du roi des cieux. » Elle annonça que le vent allait changer, ce qui arriva, et enfin elle put entrer dans la ville. Elle était armée de toutes pièces, montée sur un cheval blanc, et faisait porter son étendard devant elle : elle avait à sa gauche le bâtard d'Orléans (Dunois), richement vêtu, et était suivie de plusieurs autres nobles et vaillants seigneurs, écuyers et capitaines. D'autre part la vinrent recevoir les autres gens de guerre et les bourgeois d'Orléans, portant grand nombre de torches, et « faisant telle joie comme s'ils vissent Dieu descendre entre eux » : hommes, femmes, petits enfants, tous cherchaient à toucher ses habits ou son cheval, et « étaient merveilleusement réconfortés. » Aussitôt qu'elle fut entrée dans la ville, elle se rendit à la grande église Sainte-Croix faire la révérence à Dieu son créateur, puis elle fut conduite au logis d'un notable bourgeois, dont la femme était en grande estime, et y passa la nuit. Le lendemain, elle parcourut la ville, et « se portait aussi dextrement qu'un homme d'armes qui aurait suivi la guerre dès l'enfance. » Elle défendit à personne d'aller à l'assaut avant d'avoir été à confesse, et aux femmes « folles de leurs corps » de suivre l'armée, disant que Dieu, à cause des péchés, permettrait que l'on perdît.

Jeanne fit ensuite deux sommations aux Anglais : elle leur envoya la dernière au moyen d'une flèche ; mais quand ils l'eurent reçue, ils élevèrent la voix, et accablèrent cette chaste guerrière des plus grossières injures : « desquelles paroles elle commença à soupirer et plorait avec abondance de larmes, invoquant le Roi des cieux à son aide, et après elle fut consolée disant avoir eu nouvelles de son Seigneur. » Elle répondit aux Anglais : « Qu'ils mentaient, et que malgré eux tous ils partiraient bientôt, mais que Glacidas, leur capitaine, ne verrait point cet événement. »

Le 4 mai, au commencement de la nuit, elle reposait dans le lit avec son hôtesse, quand soudain elle s'éveilla en poussant un grand cri, et disant à Dolon : « En nom Dieu, pourquoi ne t'éveilles-tu plus tôt ? Mon conseil m'a dit que j'aille contre les Anglais. » Sur quoi Dolon se leva incontinent et l'arma, puis elle monta à cheval et tenant la lance au poing, elle commença « à courir par la grand'rue de telle raideur qu'elle fit jaillir du feu du pavé. » Quand elle rencontra les blessés qu'on rapportait du combat, elle dit n'avoir jamais vu sang de Français, « que les cheveux ne lui en dressassent sus. » Son arrivée rendit courage aux Orléanais, et la bastille Saint-Loup fut prise sur les assiégeants. A cette occasion, Jeanne défendit de faire aucun mal aux gens d'église anglais, qui vinrent implorer sa protection.

Le lendemain, jour de l'Ascension, on garda de part et d'autre un repos complet, et Jeanne fit ses pâques, comme on disait alors. Le 6, vendredi, on attaqua la bastille des Augustins; un instant les Français faiblirent, mais Jeanne fit volte-face, s'élança sur les Anglais en criant : « En nom Dieu », et la victoire resta aux Français.

Rentrés dans la ville, les capitaines tinrent un conseil sans y appeler Jeanne, et résolurent d'attendre de nouveaux renforts avant de rien entreprendre. « Vous avez été en votre conseil, leur dit Jeanne, et j'ai été au mien. Le conseil de Messire s'accomplira, celui des hommes périra, nous combattrons demain. » Elle dit ensuite à son chapelain : « Levez-vous demain de bon matin, et vous tenez toujours près de moi, car j'aurai beaucoup à faire, et demain il sortira du sang de mon corps sur la mamelle gauche. » Le lendemain, au point du jour, elle assista à la messe, monta à cheval, et annonça qu'elle rentrerait le soir par les Tournelles (bastille anglaise), et par le pont. Le combat fut très-vif; et, sur le soir, Jeanne fut blessée d'une flèche entre le sein gauche et l'épaule. Quand elle se sentit frappée, elle eut crainte et pleura; quelques gens d'armes qui la virent en cet état, voulurent charmer sa plaie, mais elle s'y refusa, disant qu'elle aimerait mieux mourir que de faire chose qu'elle sût être péché. On mit sur sa blessure de l'huile d'olive et du lard, et avec cet appareil elle se confessa à son chapelain, pleurant et se lamentant. Bientôt elle put retourner à l'assaut, mais déjà les chefs faisaient sonner la retraite; elle les conjure d'attendre, se retira à l'écart dans une vigne, y

fait un demi-quart d'heure d'oraison, puis dit à un gentilhomme qui l'avait suivie : « Regardez, quand la queue
de mon étendard touchera le boulevard. » Un moment
après : « Jeanne, elle y touche, » dit le gentilhomme.
« Tout est vostre, répondit-elle ; retournez de par Dieu
à l'assaut derechef, car sans nulle faute, les Anglais n'auront plus de force, et seront pris leurs tournelles et bou-
levards. » Elle dit et s'élance dans le fossé ; à sa vue les
Anglais se mettent à fuir : elle aperçoit Glacidas, qui
l'avait tant vilipendée. « Rends-toi au Roi des cieux, »
lui cria-t-elle, « tu m'as injuriée, j'ai grand pitié de ton
âme. » Glacidas, un instant après, tomba dans la rivière
et se noya.

Le lendemain, qui était un dimanche, les Anglais se
retirèrent sur Meung et Jargeau, et Jeanne défendit de
les inquiéter, par respect pour le repos du dimanche.
Les habitants d'Orléans chantèrent un *Te Deum* et firent
une procession générale, pour remercier le Seigneur qui
avait sauvé leur cité par la main de Jeanne ; c'était le
8 mai 1429. A plusieurs reprises Jeanne avait annoncé
qu'elle ferait lever le siége dans les huit jours, aux envi-
rons de l'Ascension. Dès le jour suivant, elle s'en alla
devers le roi lui porter des nouvelles « de la noble besogne,
et aussi pour le faire mettre sur les champs, afin d'être
couronné et sacré à Reims, ainsi que Notre-Seigneur
l'avait commandé. » Elle prit donc congé de ceux d'Orléans qui « tous pleuraient de joie, et moult humblement
la remerciaient et s'offraient eux et leurs biens à elle et
à sa volonté, dont elle les remercia très-bénignement et
entreprint à faire son saint voyage. »

« Dès que Jeanne fut en présence du roi, elle s'agenouilla moult humblement, et l'embrassant par les jam-
bes, lui dit : Gentil Dauphin, venez prendre votre sacre
à Reims. Je suis fort aiguillonnée que vous y alliez; ne
faites doute qu'en cette cité recevrez votre digne sacre. »
Le roi et sa cour lui firent grande fête, admirant ses
beaux faits et merveilles d'armes; mais ils hésitèrent
longtemps à suivre son avis. L'avis de Jeanne finit par
prévaloir, et elle se mit en marche vers les premiers
jours de juin avec Alençon et une partie de l'armée.
Dans cette mémorable campagne, qui aboutit au sacre du
roi à Reims, Jeanne montra la même bravoure, la même
prescience de l'avenir, les mêmes vertus chrétiennes que
nous avons jusqu'ici admirées en elle.

A la prise de Jargeau, elle monta à l'assaut son étendard à la main, et fut renversée par une pierre lancée
d'une machine, mais elle se releva aussitôt en criant :
« Sus, sus, amis : notre Sire a condamné les Anglais, à
cette heure ils sont tous nôtres. » On a remarqué que
toujours après ses blessures, elle était visitée par sainte
Catherine et sainte Marguerite.

Avant la bataille de Patay, elle dit au duc d'Alençon :
« Il faut que vous ayez de bons éperons. » « Que dites-
vous? Nous tournerons donc le dos, » répondit d'Alençon. « Non, dit-elle, mais grand besoin aurez-vous d'éperons pour courir après les Anglais. » « En nom Dieu,
disait-elle encore, il les faut combattre; s'ils étaient pen-
dus ès nues, nous les aurions, car Dieu nous les envoyra
afin que nous les punissions. Le gentil roi aura aujour-
d'hui la plus grande victoire qu'il eut piéça (jusqu'ici), et

m'a dit mon conseil qu'ils sont tous nôtres. » Après la
victoire, un Français ayant abattu à ses pieds un malheureux prisonnier, Jeanne descendit de cheval et fit confesser le pauvre navré (blessé), le tenant par la tête et le
consolant.

Charles hésitait à faire le siége de Troyes : « Noble
Dauphin, lui dit-elle, commandez de faire venir nos gens
et assiéger Troyes, car, au nom de Dieu, avant qu'il soit
trois jours, je vous ferai entrer dedans par amour, ou
par force. » Frère Richard, après la soumission de la
ville, qui, en effet, eut lieu dans les trois jours, faisait
le signe de la croix et jetait de l'eau bénite en approchant
de Jeanne : « Approchez hardiment, lui cria celle-ci, je
ne m'envolerai pas (1). »

Durant ce voyage on lui dit qu'on ne lisait en aucun
livre des faits tels que les siens. « Mon Seigneur, répondait-elle, a un livre auquel pas un clerc ne lit, tant soit-il
parfait en cléricature. » L'armée arriva devant Reims
vers les premiers jours de juillet; le roi craignait de
trouver de la résistance et de ne pouvoir entrer dans la
ville. « Ne doutez point, dit Jeanne, car les bourgeois
vous viendront au-devant; » ce qui arriva.

Le 6 juillet 1429, le roi fit son entrée dans la ville de
Reims, accompagné de ses seigneurs et de la Pucelle,
« qui était moult regardée de tous. » Le lendemain, le
sacre eut lieu selon les formes usitées ; Jeanne y assista
son étendard à la main. Elle donna plus tard la raison

---

(1) Je ne suis pas une sorcière. Le signe de la croix et l'eau
bénite faisaient fuir les sorciers.

pour laquelle elle avait porté son étendard à la cérémonie : « il avait été à la peine, dit-elle, c'était raison qu'il fût à l'honneur. » Quand le roi fut sacré et couronné, elle s'agenouilla devant lui, en présence de tous le seigneurs, et, lui embrassant les genoux, dit en pleurant à chaudes larmes : « Gentil Dauphin, ores (maintenant) est exécuté le plaisir de Dieu, qui voulait que je levasse le siége d'Orléans et que je vous amenasse en cette cité de Reims, recevoir votre saint sacre, en montrant que vous êtes vrai roi et celui auquel le royaume de France doit appartenir (1). » « Et moult faisait grand pitié à tous ceux qui la regardaient. »

(1) De ces paroles de Jeanne, on a voulu conclure que sa mission ne s'étendait pas au delà du couronnement de Charles, mais c'est à tort. Jeanne elle-même, déclara plus tard qu'elle *voudrait* bien que ce fût la volonté de Dieu, qu'elle retournât près de sa mère et quittât les armes. Ses voix lui parleront après le sacre comme avant.

CHAPITRE III.

Attaque de Paris. — La Pucelle est repoussée. — Ses voix lui annoncent sa captivité. — Elle est prise à Compiègne. — Son procès devant l'autorité diocésaine et devant l'Inquisition.

Le jour même du sacre, au milieu de l'enthousiasme universel, il fut décidé qu'on marcherait sur Paris : « la Pucelle ne faisait doute qu'elle ne le mît en brief entre les mains du roi, » comme elle l'avait dit dans sa lettre aux habitants de Troyes. Mais Charles retomba bientôt dans ses indécisions, et ne put se résoudre à suivre entièrement les conseils de Jeanne ; au lieu de marcher directement sur Paris, il voulut préalablement s'assurer de Laon, de Soissons, de Château-Thierry et de plusieurs autres villes. Quelques-unes seulement de ces places durent être emportées de vive force, les autres chassèrent d'elles-mêmes la garnison anglaise et appelèrent le roi dans leurs murs. Après ces succès, Charles conclut une trève de quinze jours, à l'expiration de laquelle il se dirigea enfin sur Paris. Les populations accouraient en foule sur son passage et sur celui de Jeanne, criant : « Noël, Noël ! et chantant : *Te Deum laudamus*, et dévotes antiennes, versets et respons, et faisant merveilleuse fête, regardant sur tous moult la Pucelle. Laquelle, considérant leur maintien, plourait moult fort et disait à l'archevêque de Reims et au comte de Dunois : Ha, que voici un bon peuple et n'en vis jamais un tel, et plût à Dieu que je fusse si heureuse, lorsque je finirai mes jours, que je pusse être enterrée en ce pays ! — O Jeanne, dit l'archevêque de Reims, en quel lieu avez-vous espérance de mourir ? Auquel elle répondit : Où il plaira à Dieu, car je ne suis non plus que vous assurée du lieu ni de l'heure, et voudrais que ce fût le plaisir de Dieu, mon créateur, que je m'en retournasse maintenant, en laissant les armes, pour aller servir mon père et ma mère, en gardant les brebis avec ma sœur et mes frères, lesquels se réjouiraient fort de ma venue ! »

Telle était la réputation de Jeanne, qu'on vit dans cette même année (1429), le comte d'Armagnac la consulter au sujet du schisme qui divisait alors l'Eglise. Ce seigneur lui demanda par lettre quel était, des trois prétendants au pontificat, celui auquel on devait obéir. Elle répondit qu'étant trop occupée au fait de la guerre, elle ne pouvait présentement satisfaire à sa demande, mais que plus tard, quand elle serait à Paris, elle lui ferait savoir ce qu'il fallait penser d'après les révélations de son conseil.

Le roi ne se hâtait cependant pas de reprendre sa capitale ; on n'arriva à Saint-Denis que le 7 du mois d'août, le 8 on attaqua Paris. Jeanne déclara plus tard qu'en ce moment elle était allée au combat sans avoir eu le conseil ordinaire de ses voix. Ceux de Paris, n'osant faire aucune sortie contre les assiégeants, la Pucelle délibéra de les assaillir jusqu'au pied de leurs remparts ; déjà, après avoir franchi le premier fossé, elle sondait avec sa lance la profondeur du second, quand un coup d'arbalète lui perça la cuisse ; elle tomba sur le talus, mais ne quitta point le combat ; elle criait, au contraire, d'apporter fagots et bois pour emplir le fossé. « Elle ne s'en voulait retourner ne retraire, dit un historien (1), en aucune manière pour prières et requestes que lui fissent plusieurs, jusqu'à ce que le duc d'Alençon l'envoya querre (chercher) et la fit retraire et toute l'armée.» Revenue à Saint-Denis, elle offrit au patron de la ville, qui est, disait-elle, « le trompette des Français », un blanc harnois entier à un homme d'armes, et une épée qu'elle avait gagnée devant Paris. Elle voulait rester à Saint-Denis, mais on l'emmena, suivant ses propres paroles, « contre le vouloir du Seigneur même », et à très-grand regret elle se mit en compagnie du roi.

De Saint-Denis, Charles se rendit à Lagny-sur-Marne; à son arrivée dans cette ville, on vint demander à Jeanne d'aller se joindre aux jeunes filles qui priaient devant l'image de Notre-Dame, pour un enfant de trois jours mort sans baptême. Elle y alla, pria avec les autres, et bientôt la vie reparut dans l'enfant ; il cria trois fois, fut baptisé, puis mourut; et « cependant », dit Jeanne dans son procès, « il y avait trois jours qu'en l'enfant n'y était apparu vie, et était noir comme sa cotte (vêtement). »

A Bourges, où elle salua la reine, Jeanne logea chez une respectable demoiselle appelée Marguerite de Tourade ; voici quelle était à peu près sa manière de vivre à cette époque : Elle mangeait, buvait et couchait chez son hôtesse, presque toujours couchait avec elle et allait en sa compagnie à l'église, à matines et aux autres heures du jour et de la nuit. Jeanne se plaignait

(1) L'historien du siége d'Orléans.

fort de ce que certaines bonnes femmes de la ville venaient en sa maison et y portaient des « patenostres et autres marques, » afin qu'elle les touchât. « Touchez-les vous-mêmes, leur disait-elle, car elles seront aussi bonnes de votre touchement que du mien. » Elle s'était aussi fâchée plusieurs fois auparavant de ce qu'on la visitait « et semblait qu'on la voulût adorer, ce qu'elle avait fort à déplaisir. » Elle aimait mieux être seule et solitaire qu'en la compagnie des hommes, sinon quand il fallait combattre.

Trois ou quatre fois la nuit, elle se mettait à genoux et priait Dieu pour la prospérité du roi et l'accomplissement de sa légation. Lorsqu'elle était à l'armée, elle avait cette coutume, qu'à l'heure de vêpres ou sur le point de la nuit, tous les jours du monde, elle se retirait à l'église, faisait sonner les cloches environ une demi-heure, et appelait les religieux mendiants qui suivaient l'armée, puis, se mettant en oraison, elle leur faisait chanter une antienne de la Vierge Marie. Elle se courrouçait fort quand elle entendait jurer, et reprenait aigrement les gens de guerre qui blasphémaient. La vue des femmes perdues excitait en elle un mouvement d'indignation qu'elle ne pouvait toujours réprimer, et plus d'une fois elle les poursuivit l'épée à la main. Elle avait grand soin de sa réputation ; ainsi, depuis son arrivée en Touraine, elle eut toujours une femme pour compagne de lit ; si elle ne pouvait avoir de femmes, elle couchait avec des jeunes filles, mais ne voulait pas coucher avec de vieilles femmes ; à la guerre, elle couchait vêtue et armée.

Elle était fort dévote, aimait et craignait Dieu, faisait

plusieurs abstinences, jeûnait les vendredis et le carême, et restait parfois vingt-quatre heures sans manger; elle ne faisait que deux repas le jour, quand elle ne jeûnait pas. Elle hantait l'église, se confessait souvent, entendait la messe et recevait fréquemment le Saint-Sacrement de l'autel, quelquefois en habit d'homme, mais non armée. Elle était charitable et aimait les pauvres gens des champs qui venaient volontiers vers elle; souvent elle donnait de l'argent pour l'honneur de Dieu, « et des chapeaux de fleurs aux images de sainte Catherine et de sainte Marguerite; » elle leur faisait la révérence le plus qu'elle pouvait, sachant qu'elles sont au royaume de Paradis.

Jeanne resta plusieurs semaines avec le roi, « très-désolée de ce qu'il n'entreprenait à conquêter ses places sur ses ennemis; » on lui permit cependant d'aller avec le seigneur d'Albret assiéger Saint-Pierre-le-Moûtier. Les assiégés firent bonne défense, et quand on donna l'assaut, les Français furent repoussés. Jeanne resta presque seule au pied du mur; Dolon, qui s'en aperçut, la crut en danger, courut à elle et lui demanda pourquoi elle ne se retirait comme les autres. Elle lui répondit « qu'elle n'était point seule et que, pour secours, elle avait en sa compagnie cinquante mille de ses gens, et que d'illec (de là) ne se partirait qu'elle n'eût pris la ville. » Dolon assure qu'en ce moment elle n'avait pas avec elle plus de quatre ou cinq hommes; il la pressa donc de nouveau, mais elle cria : « aux fagots, aux claies tout le monde, » et incontinent la ville fut prise presque sans résistance. Les gens d'armes et soldats voulaient piller l'église, mais elle s'y opposa et ne laissa pas enlever la moindre chose. On l'envoya ensuite assiéger la Charité-sur-Loire ; ses voix se taisaient, elle fut repoussée.

C'est à ce moment que le roi lui donna des lettres de noblesse, pour elle, pour ses parents, ses frères et toute leur postérité mâle et femelle ; mais ce fut, dit-elle, sans sa requête et sans révélation de ses voix.

Dans les premiers mois de l'année 1430, elle se rendit avec sa compagnie dans l'Ile-de-France, laissant le roi à Sulli-sur-Loire. Un jour qu'elle se trouvait sur les fossés de Melun, dans la semaine de Pâques, sainte Catherine et sainte Marguerite lui annoncèrent « qu'elle serait prise avant que fût la Saint-Jean, et qu'ainsi fallait qu'il fût fait, qu'elle ne s'esbahît, mais print tout en gré, et que Dieu lui aiderait. » Depuis Melun, ses voix ne cessèrent de lui répéter la triste prophétie de sa captivité : chaque jour elle les requérait que quand elle serait prise, elle fût tôt morte, sans un travail de prison ; mais toujours elle reçut la même réponse : « qu'elle print tout en gré, et qu'ainsi fallait faire. » Elle leur demanda encore le lieu et l'heure de sa prise, mais sur ce point aussi ses voix se turent. Si Jeanne eût su le lieu et l'heure, elle ne fût point allée à Compiègne ; c'est elle-même qui l'assure dans son procès.

Depuis ce moment, Jeanne se rapporta plus du fait de la guerre à la volonté des capitaines ; elle ne leur découvrit cependant point la révélation qu'elle avait eue. Sa dernière victoire fut celle qu'elle remporta sur une compagnie franco-bourguignonne aux ordres de Franquet, d'Arras. Après ce beau fait d'armes, elle rentra à Compiègne avec trois cents ou quatre cents hommes d'élite qu'elle amenait au secours « de ses bons amis de cette ville. » Elle fut prise dans une sortie par les gens de M. de Luxembourg (24 mai), et ainsi se trouva vérifiée la prédiction de ses voix.

Les vainqueurs étaient ivres de joie; « ils faisaient plus grands cris et resbaudissements, dit Monstrelet, que s'ils eussent pris une armée. » A Paris on chanta un *Te Deum* à Notre-Dame. Après une entrevue avec le duc de Bourgogne, chef sous la dépendance duquel se trouvait Jean de Luxembourg, là Pucelle fut enfermée au château de Beaulieu.

Déjà ses ennemis commençaient les préparatifs de son procès. Le 26 mai, le lendemain de l'arrivée de la grande nouvelle à Paris, l'Université de cette ville écrivit à Philippe, duc de Bourgogne, le priant « de mettre Jeanne ès mains de l'évêque de Beauvais, maître Pierre Cauchon, en la juridiction spirituelle duquel elle avait été prise, pour lui faire faire son procès. » Elle écrivit le 27, à Jean de Luxembourg, d'autres lettres tendant à la même fin, et plus tard (le 21 novembre) ce fut encore elle qui invita le roi d'Angleterre à livrer Jeanne à la justice ecclésiastique. Frère Martin Vincent, vicaire général de l'inquisiteur de la foi en France, pria le duc de Bourgogne, par lettres du 29 mai, et lui enjoignit sous les peines de droit de lui envoyer « certaine femme, nommée Jeanne, soupçonnée de plusieurs crimes, erreurs et hérésies, pour ester à droit (comparaître) par devant le promoteur de la sainte Inquisition. » L'évêque de Beauvais somma le duc de Bourgogne et Jean de Luxembourg à même fin; puis le roi d'Angleterre, ayant, au prix de

10,000 francs, obtenu Jeanne de ceux qui l'avaient prise, ordonna par lettres datées de Rouen, 13 janvier (1431), que l'évêque de Beauvais lui fît son procès. Quelques jours auparavant (27 décembre), le chapitre de Rouen avait baillé territoire à Cauchon pour ledit procès.

Pendant ces démarches, Jeanne avait été transférée du château de Beaulieu à celui de Beaurevoir, en Verman-dois. Là on lui dit que Compiègne allait être mis à feu et à sang, et d'autre part elle avait appris qu'elle était vendue aux Anglais ; dans les angoisses où la plongèrent ces nouvelles, elle sauta du donjon, et le lendemain on la trouva évanouie au pied de la tour ; elle se remit de cette chute en deux ou trois jours. Lorsqu'elle se préci-pita ainsi du haut des murs de sa prison elle ne cher-chait pas à se tuer, mais elle se recommanda à Dieu et à Notre-Dame, voulant seulement être délivrée des An-glais. Dans cette circonstance, Jeanne agit contre le com-mandement de ses voix ; elle s'en excusa plus tard disant « qu'elle ne s'en put tenir. » Quand les saintes, qui la protégeaient, virent sa nécessité, « elles lui secoururent la vie et la gardèrent de se tuer. » Elle fut ensuite recon-fortée par sainte Catherine, qui lui dit « de se confesser, et de requérir merci à Dieu de ce qu'elle avait fait, » lui annonçant en outre, que sans faute ceux de Compiègne auraient secours avant la Saint-Martin d'hiver (1); alors elle se prit à revenir et fut tantôst (bientôt) guérie. »

Jeanne, après un séjour de quatre mois au château de

---

(1) Selon la prédiction de sainte Catherine, Compiègne fut dé-livré par le comte de Vendôme et le maréchal de Boussac, 15 jours avant la Saint-Martin.

Beaurevoir, fut transférée à Arras, puis au Crotoi, et enfin à Rouen, où allait s'ouvrir son procès. A Rouen, elle fut mise dans une cage de fer, attachée par le cou, les pieds et les mains ; elle resta dans ce piteux état jusqu'au commencement de son procès. Les trois Anglais chargés de sa garde avaient défense de la laisser parler à qui que ce fût. C'est cependant vers cette époque que le comte de Ligny alla lui rendre visite dans sa prison et lui dit qu'il était venu pour la mettre à rançon. « Je sais bien, répondit-elle, que vous n'en avez ni la volonté ni le pouvoir, » puis elle ajouta : « Je sais bien aussi que les Anglais me feront mourir, croyant qu'après ma mort ils gagneront le royaume de France ; mais quand ils seraient cent mille plus qu'ils ne sont à présent, ils n'auraient point le royaume de France. »

Les ennemis, pendant ce temps, poussaient l'affaire avec ardeur ; l'information préparatoire fut terminée le 19 février, et Jeanne citée à comparaître le 21. A ce moment on la changea de prison : une chaîne de fer attachée à un gros morceau de bois fut rivée à ses pieds, et elle fut gardée par cinq Anglais, dont trois passaient la nuit avec elle. Les trois clefs de sa prison étaient l'une entre les mains du cardinal Henri d'Angleterre, l'autre entre celles de l'inquisiteur, et le promoteur de l'officialité possédait la troisième. Jeanne ne quitta cette prison que pour aller au bûcher, quoiqu'elle ait bien des fois réclamé d'être menée « ès prisons ecclésiastiques, » comme c'était son droit. Ses juges furent d'abord le seul Cauchon, puis, à partir du 13 mars, frère Jean Magistri, vice-inquisiteur de la foi ; ils étaient assistés par Gilles, abbé de Fécamp, Nicolas, abbé de Jumièges, et par plusieurs docteurs de l'Université de Paris; chacun d'eux recevait pour chaque audience, 20 sous tournois (environ 40 fr. d'aujourd'hui); et quiconque se permettait de dire quelque bien de Jeanne était jeté en prison ou chassé.

Jeanne, citée à comparaître, avait demandé que parmi ses juges, il y en eût autant du parti du roi de France, que du parti du roi d'Angleterre, mais on n'eut garde de faire droit à sa réclamation. On la somma de faire serment qu'elle répondrait selon la vérité à toutes les interrogations qui lui serait posées ; elle dit : « qu'elle jurerait volontiers touchant ses père et mère, et de ce qu'elle avait fait après s'être mise en chemin pour venir en France ; mais des révélations qui lui avaient été faites de la part de Dieu, elle ne les avait jamais révélées ou dites à personne sinon à Charles seul, et ne les révélerait pas, quand on lui devrait trancher la tête, car son conseil secret lui avait défendu de les découvrir. » A cette condition, les deux mains posées sur le Missel, elle jura de dire la vérité.

Les Interrogatoires duraient d'ordinaire quatre heures le matin et deux ou trois heures le soir, et telle fut la haineuse habileté déployée par ces juges vendus aux Anglais, qu'un grand docteur, disent les témoins du second procès, eût pu difficilement échapper à leurs arguments; mais Jeanne inspirée par ses voix, mit dans ses réponses tant de prudence et de sagacité, qu'elle réduisit plus d'une fois ses interrogateurs au silence. Les questions portèrent principalement : sur ses voix; sur le secret qui était entre elle et le roi; sur sa soumission à l'Eglise, et sur les habits d'homme qu'elle portait. Elle soutint constamment que ses voix venaient de Dieu, refusa de découvrir le secret du roi, en appela au pape, et déclara qu'elle portait habits d'homme par ordonnance de ses voix. Toutefois sa fermeté parut se démentir un instant : accablée par les horreurs d'une longue prison, et effrayée à la vue du bourreau, qui attendait avec sa charrette, au pied de l'échafaud, l'instant de la conduire au bûcher, Jeanne signa une cédule d'abjuration, dont elle entendait à peine le sens. De retour à sa prison, ses voix se firent entendre pour lui reprocher sa faiblesse, et comme nous le verrons, elle la répara dignement.

Durant ce long procès, Jeanne, malgré l'effroi que lui inspirait sa mort prochaine, montra une piété et une résignation angéliques. Dans une maladie qui faillit la ravir à ses bourreaux, elle requérait seulement « d'avoir confession et son Sauveur, et d'être inhumée en terre sainte. » Ses voix lui annonçaient chaque jour qu'elle serait délivrée par grande victoire et lui tenaient ce langage : « Prends tout en gré et ne te chaille (ne t'inquiète pas) de ton martyre, car tu t'en viendras enfin au royaume de Paradis. » Ce que ses voix appellent martyre, c'est ce que Jeanne souffre en prison ; « elle ne sait si elle en souffrira un plus grand, mais s'en attend à Notre-Seigneur : elle croit fermement que ses voix lui ont dit qu'elle sera sauvée et en est aussi assurée, comme si elle l'était déjà, et tient cela pour un grand trésor. » Mais quant à la grande victoire dont lui parlaient ses voix, elle ne savait au juste ce qu'il en fallait penser, et gardait encore quelque espoir d'échapper aux Anglais. C'est dans ce mélange de crainte et d'espérance qu'elle s'écriait : Rouen, Rouen, mourrais-je ici !!

Sa rétractation avait, pour le moment, mis ses juges dans l'impossibilité de la condamner au feu. Les principaux Anglais s'en indignèrent contre l'évêque de Beauvais, les docteurs et autres assistants au procès : une fois même ils levèrent leurs épées pour les frapper, disant qu'ils ne gagnaient pas leur argent. Mais Cauchon n'était pas à bout de ressources. Jeanne avait promis de quitter les habits d'homme ; elle les quitta en effet ; mais ses gardes lui enlevèrent pendant la nuit ses habits de femme, et refusèrent impitoyablement de les lui rendre ; elle se vit donc obligée de reprendre ses habits d'homme, que du reste elle dut toujours garder depuis ce moment, pour défendre sa pudeur. On se servit de ce prétexte pour la déclarer relapse ; au reste, elle affirmait de nouveau l'origine divine de ses voix. Avant l'abjuration qu'on lui extorqua, on l'avait déclarée, de l'avis de l'Université de Paris : sorcière, idolâtre, apostate, sentant l'hérésie, séditieuse... Après sa rétractation, on la condamna comme étant retombée dans ses errements ; c'était le 29 mai 1431 ; l'exécution eut lieu le lendemain.

Elle fut confessée et administrée avec la permission de l'évêque de Beauvais ; après la confession, frère Martin l'Advenu, tenant l'hostie entre ses mains, lui dit : Croyez-vous qu'ici soit le corps de Jésus-Christ ? « Oui répondit elle, et est lui seul qui peut me délivrer, et je demande qu'il me soit administré. » Elle reçut alors son Sauveur fort dévotement et avec pleurs. Elle fut ensuite menée au Vieux-Marché ; à côté d'elle étaient frère Martin l'Advenu et Jean Massieu ; plus de 800 hommes d'armes portant haches et glaives l'accompagnaient. En chemin, elle faisait de fort pitoyables lamentations, recommandant son âme à Dieu et à ses Saints.

Ce jour-là, il y avait trois échafauds sur le Vieux-Marché de Rouen, l'un pour les juges, l'autre pour les prélats, et le dernier où était le bois préparé. Jeanne monta sur l'échafaud des juges et y écouta « paisiblement et avec grande constance » la prédication dernière faite par Nicolas Midi; puis Cauchon se leva et lut la sentence. « Tu es revenue aux erreurs et aux crimes que tu avais abjurés. Nous te déclarons retombée en la sentence d'excommunication que tu avais encourue. Nous te retranchons comme un membre pourri, de l'unité de l'Eglise, et te délaissons à la puissance séculière, la priant d'adoucir son jugement envers toi quant à la mort et à la mutilation des membres. » Ce qu'ayant entendu, elle se mit à genoux et fit ses oraisons à Dieu en grande dévotion, et demanda une croix. Lors, un certain Anglais lui en fit une petite de quelque bâton; elle la baisa et la mit dans son sein. Elle envoya aussi quérir la croix de la paroisse et l'embrassa en pleurant et en se recommandant à Dieu, à la Vierge Marie, à saint Michel, à sainte Catherine, à sainte Marguerite et à tous les Saints, puis elle baisa derechef cette croix, salua tous les assistants, leur pardonna, et leur demanda de prier Dieu pour elle, qu'ils fussent de son parti ou de l'autre. Elle requit aussi tous les prêtres qui étaient là présents que chacun d'eux lui donnât une messe; elle descendit ensuite de l'échafaud des juges et monta sur le bûcher; elle avait prié frère Martin, qui, avec Isambard, l'accompagna jusqu'au bout, de tenir le crucifix élevé tout droit devant ses yeux, jusqu'au pas de la mort.

Quand elle vit mettre le feu au bois, elle commença à crier fort haut : Jésus ! et étant au milieu des flammes, elle eut toujours le nom de Jésus en sa bouche : elle assurait que ses voix venaient de Dieu, qu'elles ne l'avaient pas déçue (1), qu'elle espérait aller ce jour là en paradis, et qu'elle n'était point hérétique ni schismatique ; et ainsi elle finit sa vie en bonne et vraie catholique. A ce spectacle, plusieurs des assistants qui étaient plus de 10,000, fondirent en larmes, disant : « C'est grand pitié. »

Telle fut la vie, et telle fut la mort de Jeanne d'Arc ; mais l'injustice dont elle fut victime s'étendit au delà du tombeau. Après avoir terminé son existence mortelle sur un bûcher, elle n'obtint même pas de la postérité justice entière ; son nom est resté comme un signe de contradiction, et sa gloire est encore couverte de bien des nuages. A l'exemple de ses juges, on a attaqué son inspiration surnaturelle, sa sainteté chrétienne et sa soumission à l'Eglise, et d'autre part l'Eglise dans laquelle elle a vécu, qu'elle a tant aimée, dont les secours l'ont fortifiée dans son martyre, a été injuriée et calomniée par ceux qui se sont portés les défenseurs de Jeanne. Je vais essayer de rétablir la vérité sur ces quatre points, en démontrant dans les chapitres suivants : la nature miraculeuse de l'inspiration de Jeanne, sa sainteté chrétienne, sa soumission à l'Eglise, et en repoussant les attaques dont l'Eglise a été l'objet à l'occasion de cette déplorable affaire.

---

(1) Témoignage d'Isambard au procès de réhabilitation.

CHAPITRE IV.

Opinions fausses sur les voix de Jeanne d'Arc. — Opinion
vraie, avec les preuves qui l'appuient.

Les faits contenus dans la vie de Jeanne d'Arc dé-
passent le niveau ordinaire des faits humains ; tout le
monde en convient ; mais à quel principe, à quelle force
surhumaine doit-on les attribuer ? Ont-ils leur source
dans les facultés de l'homme portées à leur plus haute
puissance, ou bien dans l'intervention extra-naturelle,
disons le mot, miraculeuse d'êtres supérieurs ? Il en est
qui ont voulu tout expliquer par une intrigue de cour,
dont Jeanne n'eût été que l'instrument. D'autres, en assez
grand nombre, ont cru sage de ne pas se prononcer : ceux
qui au XVIIIe siècle se piquaient de philosphie, et la plupart des auteurs modernes, attribuent ces faits à la surexcitation des forces de l'âme, que les uns ont appelée
hallucination, et que les autres, plus respectueux, ont
décorée du nom d'extase ; enfin, un très-petit nombre ont
reconnu d'une manière plus ou moins explicite, une intervention miraculeuse et surnaturelle dans l'histoire de
Jeanne d'Arc.

Je ne m'arrêterai pas longtemps à réfuter la première
opinion ; elle ne s'appuie sur aucun fait et ne supporte
pas l'examen. Une première invraisemblance, qui suffit
à elle seule pour la renverser, c'est que, dans ce sentiment, il faut supposer que Jeanne a menti pendant toute

sa vie, qu'elle a menti sur le bûcher, et cela pour un roi qui l'abandonnait lâchement; il faut supposer que cette sainte, si pieuse, si humble, si désintéressée, n'a été qu'une vile hypocrite. Soutenir une telle opinion, c'est se montrer plus inique que les juges qui ont condamné Jeanne au feu. En outre, si elle était l'instrument du parti des français, pourquoi Baudricourt refuse-t-il de la recevoir? Pourquoi Charles se montre-t-il si indécis quand il s'agit de l'admettre en sa présence? Pourquoi tous ces examens à Chinon et à Poitiers ? Pourquoi ces entraves continuelles mises à tous les projets de Jeanne par le roi et son conseil (1)? Enfin, cette supposition, évidemment fausse, a encore le tort de ne rien expliquer, ni les prédictions de Jeanne, ni sa merveilleuse intuition dans la conduite de la guerre, ni ses succès.

Quant aux auteurs qui n'ont pas osé se prononcer, leur réserve, excusable peut-être à l'époque où ils ont écrit, ne se comprendrait plus maintenant. Les découvertes récentes et les dernières publications, ont jeté sur ce point d'histoire une telle lumière que le doute ne semble plus permis.

Ecartant donc ces deux premières opinions, je m'attacherai à démontrer la vérité de la troisième, en réfutant celle qui attribue à l'exaltation des facultés de l'âme, les faits merveilleux qu'on admire dans la vie de Jeanne d'Arc. Pour ne rien confondre, je vais exposer cette dernière opinion avec chacune de ses nuances. On peut ra-

---

(1) Ce fait, autrefois peu connu, a été mis en évidence par plusieurs auteurs de notre temps.

mener à trois, les explications données par les auteurs qui excluent de la vie de Jeanne, toute intervention extra-naturelle d'êtres supérieurs, et qui voient dans la nature de l'homme, l'origine des phénomènes constatés dans son histoire.

M. l'abbé Lenglet Dufresnoy me paraît avoir assez bien exposé l'explication reçue parmi les philosophes du siècle dernier : voici ses paroles (1). « De croire que cette fille ait eu des visions, des apparitions, des révélations de saints et de saintes, je n'en crois rien. J'abandonne cette pieuse créance à des personnes d'un esprit moins rétif que le mien. Mais à ces apparitions je substitue une persuasion intérieure, une méditation réfléchie, qui frappe, qui anime, qui agite fortement l'imagination, et ce sont les effets de cette dernière faculté, qui souvent nous représentent comme réels des objets qui ne sont que de simples nuages, que nous nous formons en nous-mêmes. On sait que la chose est commune en quelques maladies particulières, où l'homme infirme se représente tout ce qui n'est pas, et qu'il croit néanmoins aussi réel que s'il existait effectivement. Soyez persuadé qu'en matière de piété, la chose se passe de même. Une âme appliquée, une âme vivement affectée d'un objet, croit voir tout ce qui a rapport à cet objet. Elle le voit cependant, mais dans son imagination ; elle peut dire sans péché, qu'elle a vu, qu'elle a ouï, ce que d'autres n'ont ni vu, ni entendu.... Elle va même plus loin, elle cherche

(1) Histoire de Jeanne d'Arc, Vierge Héroïne, et Martyre d'état. — Paris, MDCCLIII.

à persuader les autres des vérités dont son âme est saisie ; l'activité de son imagination se communique aisément. » L'auteur montre ensuite par l'exemple d'Alexandre, de Henri IV, de Condé, comment cet enthousiasme peut facilement se communiquer, et il ajoute que dans la Pucelle, cette facile communication de son courage est une suite de la direction particulière et marquée de la Providence qui veille sur les royaumes.

Une seconde explication nous est fournie par M. Albert Réville. Selon cet écrivain, Jeanne d'Arc se rapprocherait des prophétesses de la vieille Gaule et de la Germanie ; dans son opinion, « le prophétisme est un phénomène de la vie de sentiment : c'est une des formes naturelles du développement primitif de l'esprit humain, » qui possède, dit Cicéron une certaine præsagition : *præsagitio quædam.* « Ceux qui, doués de facultés esthétiques et intuitives très-délicates, firent preuve d'une espèce de seconde vue ou prévoyance sagace, passèrent aisément et se prirent eux-mêmes de très-bonne foi, pour des hommes recevant des communications spéciales de la Divinité. La médecine psychologique d'aujourd'hui, étudie très-sérieusement les faits nombreux qui prouvent, que certaines surexcitations nerveuses, dont les causes peuvent être bien diverses, sont souvent accompagnées d'un déploiement remarquable de la sensibilité, de la mémoire, de la lucidité des idées et en particulier de la prévoyance (1). »

(1) *Revue des Deux Mondes.* 15 juin 1867. *Les Prophètes d'Israël.*

En résumé, dans l'opinion de M. Albert Réville, la puissance de prévoir l'avenir est le résultat naturel du développement de l'esprit humain ; et c'est par ce principe qu'on doit expliquer tous les phénomènes prophétiques, et en particulier Jeanne d'Arc.

D'après M. Henri Martin, dans son histoire de Jeanne d'Arc, la vie de cette héroïne rentrerait dans cet « ordre exceptionnel de faits moraux et physiques qui semblent déroger aux lois ordinaires de la nature; » Jeanne est une extatique, mais pour cet auteur « l'extase et le somnambulisme paraissent deux degrés différents d'un même ordre de faits. » Les physiologistes qualifient ces phénomènes de maladies, et ils leur donnent même « le nom de folie, lorsqu'au déplacement de l'action des organes se joignent des hallucinations des sens, des visions d'objets qui n'existent que pour le visionnaire. » Selon lui « les révélations de l'extase, sont des phénomènes subjectifs, c'est-à-dire intérieurs, des révélations de l'âme à elle-même, et non des communications objectives ou extérieures avec des créatures appartenant à un autre monde. » « Il y a eu, dit-il encore, un miracle dans l'apparition de Jeanne, et ce miracle c'est Jeanne elle-même. Dans l'envoi de cet être extraordinaire, comme des rares envoyés de Dieu qui lui ont ressemblé, il y a quelque chose au dessus des lois de la nature. Mais une fois cette créature exceptionnelle descendue parmi nous, elle a vécu soumise aux mêmes lois que nous, faillible, quoique douée de dons rares et admirables..... prêtant à la vérité essentielle de son inspiration les formes conventionnelles des croyances de son temps, voyant, écoutant Dieu à travers les personnages symboliques de la légende, et attribuant à des êtres extérieurs, les révélations intimes de Dieu dans sa conscience, les immenses expansions de ses forces morales suscitées par sa volonté suprême. » En un mot, tous les faits merveilleux de la vie de Jeanne ont pour principe unique les puissances latentes de l'âme.

Comme on le voit, ces diverses explications se distinguent chacune par des nuances qui leur sont propres, mais elles s'accordent en ces trois points : Il n'y a pas eu dans la vie de Jeanne intervention extra-naturelle de saints ou de saintes ; tout doit s'expliquer chez elle par la surexcitation naturelle ou maladive des puissances de l'âme ; enfin, ses apparitions furent des phénomènes purement subjectifs.

L'opinion opposée, qui est la seule vraie, enseigne au contraire qu'il y a eu, dans la vie de Jeanne d'Arc, intervention extra-naturelle des anges et des saints, et que ses apparitions ne furent point des relations imaginaires, mais bien des communications réelles avec des êtres distincts d'elle.

L'histoire nous offre dans la vie du peuple de Dieu, et dans celle des saints de l'Eglise catholique, de nombreux exemples de relations entre le monde surnaturel des esprits et le monde humain. Cette question a donc été examinée et scrutée par les théologiens, longtemps avant que la médecine psychologique se décidât à la mettre à l'étude ; ils ont distingué trois modes de révélations surnaturelles ou trois manières dont nous pouvons communiquer avec le monde divin. Dieu, disent-ils, a parlé quelquefois sans vision, sans figure, ni symbole, d'une manière purement intellectuelle, imprimant la vérité dans l'entendement du Prophète. D'ordinaire cependant, il se sert de visions intérieures ou extérieures pour communiquer avec l'homme. Parfois, en agissant sur les puissances imaginatives, il y produit des figures, des symboles, des voix qui annoncent l'avenir ; voilà ce qu'on appelle visions intérieures ou imaginaires. D'autres fois, ses anges ou ses saints revêtent des corps d'emprunt, au moyen desquels ils communiquent avec l'homme, comme nous communiquons entre nous ; voilà ce qu'on appelle visions extérieures ou simplement visions, apparitions, et c'est ce que nous rencontrons dans la vie de Jeanne d'Arc. Je vais prouver cette assertion :

Il est dans la vie de Jeanne un fait qui, peut-être, n'a pas été assez remarqué, c'est que Jeanne affirme avoir vu, entendu et touché sainte Catherine, sainte Marguerite et saint Michel ; jamais elle ne varie dans ses assertions ; elle les signe de son sang. Ce qu'elle croit fermement, ce n'est point seulement que ses voix ne la trompent pas, mais c'est qu'elle entend des voix, c'est que saint Michel, sainte Catherine et sainte Marguerite lui apparaissent, qu'elle les voit, qu'elle les touche ; voilà l'objet de sa foi ; elle l'affirme au roi, à ses examinateurs de Chinon et de Poitiers, à ses juges, qui veulent la faire convenir qu'elle a été « séduite, » que ce sont « inventions humaines » ; enfin, elle l'atteste sur le bûcher. A une affirmation si précise et si constante, qu'opposent les adversaires de Jeanne ? De quel droit viennent-ils aujourd'hui affirmer qu'elle s'est trompée, et qu'elle a souffert le tourment du feu pour une illusion ? Ils n'ont d'autre fondement à leur négation que je ne sais quel système philosophique, excluant *a priori* tous les faits extra-naturels, et à l'autorité duquel doivent céder tous les témoignages historiques. Il ne s'agit point ici d'un fait à expliquer, mais d'un fait à constater, le fait des relations de Jeanne avec saint Michel, sainte Catherine et sainte Marguerite : Jeanne l'atteste, il reste donc uniquement à examiner la véracité de son témoignage. Peut-on, oui ou non, se fier à sa parole ? Ses attestations ont-elles les caractères de la vérité ? N'y a-t-il en elles rien qui décèle le mensonge ou l'illusion ?

Démontrer que Jeanne n'a point menti, je ne l'essaierai pas, ce serait outrager sa mémoire ; voyons si ses paroles sont celles d'une visionnaire, d'une hallucinée, si ses dépositions sont vagues, indécises, comme ces formes qui naissent d'une imagination malade ou d'un cerveau exalté. Il n'en est rien ; on retrouve dans ses récits cette précision qui suppose une âme maîtresse d'elle-même et consciente de ses actes. Jeanne voit, entend et touche des figures humaines, elle remarque leur habillement ; deux d'entre elles, sainte Catherine et sainte Marguerite, portent des couronnes ; saint Michel ressemble à « un très-vrai prud'homme à l'habit » ; elle sait le lieu et l'heure où ces figures humaines lui apparaissent ; la première fois, c'est dans le jardin de son père, du côté de l'église, vers midi ; elle entend une voix et aperçoit une clarté ; elle est dans sa quatorzième année ; elle a d'abord peur, puis elle se familiarise et s'habitue bientôt à converser avec ses apparitions. Ces voix lui annoncent des choses précises ; elle les saisit parfaitement, à moins qu'un bruit extérieur n'empêche toutes les paroles d'arriver à ses oreilles, comme dans sa prison, où le bruit des querelles de ses gardes l'empêchait d'entendre tout ce qui lui était dit ; c'est elle-même qui s'en plaint à ses juges. Selon les occasions, ses voix la consolent, la blâment, et, quand elle saute du donjon, elles la soutiennent et la préservent de la mort. Il n'y a donc rien de vague, rien de vaporeux dans les rapports de Jeanne avec ses apparitions, rien par conséquent qui puisse faire assimiler ses visions aux images qu'enfante un cerveau dérangé.

Un autre caractère qui écarte toute idée d'hallucination, c'est que ces faits durent chez Jeanne depuis l'âge de quatorze ans jusqu'à la mort ; ils se répètent au milieu des circonstances les plus variées, à la campagne, dans la maison de son père, à la cour, sur le champ de bataille, en prison, le jour, la nuit, en maladie, en santé. Ainsi, le temps, les circonstances extérieures, les dispositions du corps, qui d'ordinaire exercent tant d'influence sur les maladies mentales, n'en exercent aucune sur les voix de Jeanne.

Ces voix ne l'entretiennent pas seulement de quelques grands événements, mais aussi de mille petits détails ; elles lui annoncent la défaite des Français à la journée des Harengs, la mort prochaine du soldat qui l'insulte, la blessure qu'elle recevra au-dessus de la mamelle gauche, la délivrance du duc d'Orléans, etc., et dans toutes leurs paroles, rien d'erroné, « jamais, dit-elle, elle ne les a trouvées en deux paroles contraires » ; rien de bizarre, rien d'absurde, rien d'inconvenant ; mais, au contraire, un grand bon sens, une convenance parfaite, une perspicacité rare. Si l'on reconnaît l'illusion à ces signes, comment la distinguer de la vérité ?

Mais encore, Jeanne fut peut-être une personne excentrique, exaltée ! Son histoire nous montre tout le contraire. Elle est humble, ne s'attribuant rien, mais tout à Dieu ; elle est désintéressée, sage dans ses propos, d'une prudence consommée au milieu des circonstances difficiles où elle se trouve, ayant à ménager la susceptibilité jalouse du roi et de son conseil, ayant à garder sa vertu et sa réputation dans un lieu où elles étaient exposées à tous les périls : l'éclat de la cour, le bruit des batailles, les louanges que le peuple lui prodigue ne l'enivrent pas ; elle regrette que Dieu ne lui permette pas de retourner à ses brebis. Quel est l'homme dont la froide sagesse eût triomphé de tous ces dangers ?

Ces apparitions ne sont point aux ordres de Jeanne ; elle ne les a point quand elle veut, mais quand il plaît à Notre-Seigneur ; elles ne lui annoncent pas des triomphes continuels et refusent souvent d'accéder à ses prières ; ainsi, c'est en vain qu'elle leur demande chaque jour l'heure et le lieu où elle sera prise, en vain qu'elle leur demande de mourir vite, sans grande souffrance de prison. Est-ce encore là un signe d'hallucination ?

Qu'on ne dise point que Jeanne n'a pas réfléchi sur ses voix, qu'elle s'est laissée emporter par son imagination. Jeanne n'a pas cru de suite à l'origine surnaturelle de ses révélations ; elle-même nous dit que ce fut seulement après que l'ange « lui eut tant enseigné et montré, qu'elle

crut fermement que c'était il. » Au reste, elle eut depuis
lors des occasions, et de sérieuses occasions, de réfléchir
sur l'origine de ses voix : elle dut subir, à Chinon et à
Poitiers, deux examens portant précisément sur cette
question. Au milieu des horreurs d'une longue prison,
on mit sa foi si vive en l'Eglise aux prises avec sa foi en
l'origine de ses voix. Des juges iniques cherchèrent à
établir et voulurent lui faire reconnaître que ses révélations « n'étaient point de par Dieu, mais fictions humainement inventées, » et il y allait du feu, dont cette
pauvre jeune fille disait : « j'aimerais mieux être déca-
pitée sept fois que d'être ainsi brûlée. » Jeanne a donc
réfléchi, et sérieusement, sur l'origine de ses voix, et sa
foi n'était pas une foi aveugle.

Dans les révélations de Jeanne, nous venons de le voir,
il n'y a rien qui sente l'illusion, l'imagination frappée,
l'hallucination des sens, disons le mot, la folie. Jeanne
est, au contraire, une personne de grand sens, de merveilleuse sagacité, de franchise et de sainteté extraordi-
naires : de quel droit récuse-t-on son témoignage ? Elle
affirme qu'elle est entrée en relation avec des anges et
des saints, elle confirme son assertion par son sang,
puisque on n'eût pu la condamner si elle eût voulu
reconnaître qu'elle avait été séduite, et vous refusez de
la croire ! C'est un cruel déni de justice que rien n'auto-
torise. Au fond, ceux qui prétendent que Jeanne s'est
trompée, n'ont d'autre raison que celle-ci : il n'y a ni
anges, ni saints, ou, s'il y en a, ils ne peuvent nous
apparaître; Jeanne d'Arc prétend que des anges et des
saints lui ont apparu, donc elle s'est trompée; et c'est

une extatique, dans le sens de M. Martin, ou une visionnaire. Un pareil raisonnement détruit le principe même de l'histoire.

Le seul témoignage de Jeanne suffirait à prouver l'origine divine de ses révélations; mais ces révélations sont, en outre, marquées d'un signe caractéristique et divin : elles portent en elles-mêmes un sceau inimitable que la terre, ni l'enfer ne peuvent contrefaire : elles renferment des prophéties. Les voix de Jeanne ont prédit l'avenir, elles ont annoncé avec certitude des événements futurs qu'une intelligence humaine et même angélique ne pourrait prévoir. Je vais établir ces deux points de la question : prédiction d'événements futurs, impossibilité de les prévoir, sinon par voie de révélation divine.

L'histoire de Jeanne d'Arc nous montre cette héroïne tout illuminée de clartés célestes; elle prévoit avec certitude les grands événements de sa mission, elle connaît par intuition les faits qui se passent au loin, et sème, pour ainsi dire, les prédictions sous ses pas. Parmi ces prophéties, j'en choisirai trois, avouées par tous les auteurs et qu'il est impossible de révoquer en doute. Jeanne a prédit la levée du siége d'Orléans, le couronnement du roi à Reims et la délivrance du duc d'Orléans, prisonnier en Angleterre. L'authenticité de ces prophéties est indiscutable; voyons si on peut les attribuer à une imagination frappée ou à une des formes naturelles du développement primitif de l'esprit humain, ou bien enfin à l'immense expansion des forces latentes de l'âme.

L'intelligence humaine n'a que trois modes de connaissance : elle saisit la chose en elle-même, elle la voit dans ses causes ou dans ses effets, ou bien enfin elle la connaît par voie de révélation, c'est-à-dire par sa communication avec une intelligence distincte d'elle, à qui elle emprunte les idées et les croyances qu'elle ne possède pas de son propre fond. Ainsi, le naturaliste connaît les événements qui se passent sous ses yeux, en les saisissant en eux-mêmes, et il prévoit les événements futurs par les causes qui leur donneront naissance ; celui qui n'a point été spectateur des faits, les connaît par leurs effets ou par voie de révélation, se rapportant au témoignage de celui qui les a vus ; l'ignorant peut prévoir les révolutions à venir qui dépendent des causes naturelles, sans pourtant les saisir dans leurs principes, mais en écoutant la parole de l'homme instruit qui a scruté les lois de la nature.

Les événements que Jeanne a prédits ne pouvaient être connus que par révélation, et par révélation divine. L'intelligence humaine, en effet, et ce que je dis de l'intelligence humaine doit s'entendre de toute intelligence finie, ne pouvait les saisir en eux-mêmes, ni dans leurs effets, puisqu'une telle intuition suppose l'existence de ce qui est vu, et les événements dont il s'agit n'existaient pas encore. Pouvait-elle les saisir, les connaître avec certitude dans leurs causes, comme l'astronome qui prévoit les mouvements futurs des astres ? Etudions-les chacun en particulier.

Jeanne annonce au dauphin Charles qu'elle lèvera le siége d'Orléans ; or, ce fait dépendait d'une multitude de causes très-complexes, à savoir : la volonté du roi de se servir de Jeanne, volonté naturellement indécise et, du reste, subordonnée au résultat des deux examens qu'allait subir cette jeune fille ; l'entrée de Jeanne à Orléans, qui supposait beaucoup d'imprudence chez les Anglais, et une grande habileté chez les Français ; le courage qu'elle inspirerait aux Orléanais et l'effroi qu'elle jetterait dans l'armée ennemie ; la fortune pour Jeanne de n'être frappée mortellement dans aucun combat, et mille autres circonstances. Comme on le voit, parmi les causes qui ont fait lever le siége d'Orléans, il faut en premier lieu ranger les décisions du libre arbitre d'une multitude de volontés humaines. Mais ces décisions du libre arbitre ne peuvent être saisies d'avance dans leurs causes, puisque elles ne sont pas les effets de causes nécessaires préexistantes, mais les résultats de l'exercice spontané de la liberté humaine. Nulle intelligence humaine n'a donc pu prévoir avec certitude la levée du siége d'Orléans par d'autre voie que par voie de révélation divine.

Sans doute, la volonté de l'homme peut subir l'influence morale de certaines causes, et ses décisions peuvent être, dans quelques circonstances, prévues avec probabilité. Mais, dans le fait en question, toutes les probabilités étaient contre l'opinion de Jeanne; et Jeanne n'exprimait pas une espérance, mais annonçait avec certitude « il faut, » disait-elle, ou bien encore « mon conseil m'a dit. »

Le second événement prédit par Jeanne, le couronnement du roi à Reims, était encore, si je puis m'exprimer ainsi, plus au-dessus de la pénétration humaine. Les causes qui le devaient produire échappaient au regard de toute intelligence finie, et dans ce que le génie le plus perspicace on pouvait saisir, rien ne justifiait, mais tout condamnait au contraire les prévisions de Jeanne. Enumérons les principales causes de cet événement.

Le couronnement du roi à Reims supposait : la volonté de Baudricourt d'envoyer Jeanne au roi, et ce capitaine y était si peu disposé qu'il regardait Jeanne comme une folle et la voulait livrer à ses gens ; la levée du siége d'Orléans, un fait que les voiles de l'avenir cachaient à tous les yeux ; la résolution du roi de marcher sur Reims, résolution qui n'était pas à espérer de ce prince, défiant par caractère, surtout en face des obstacles humainement insurmontables, dont il fallait triompher ; la fortune pour le parti royal de traverser en triomphateur un vaste pays occupé par l'ennemi ; la prise de Reims, etc. Si puissantes que soient les forces latentes de l'âme humaine, il y avait là des abîmes que son œil ne pouvait sonder, des mystères dont elle ne pouvait déchirer le voile, précisément à cause de cette faculté mystérieuse qu'on appelle la liberté ! Puissance insondable, dont l'âme même qui en jouit ne peut prévoir les actes avec certitude, à cause de sa spontanéité.

Est-il nécessaire maintenant de démontrer que la troisième prophétie de Jeanne supposait également une révélation divine ? Le duc d'Orléans languissait captif à Londres depuis la bataille d'Azincourt (1415) ; Jeanne annonce qu'il rentrera dans sa patrie, et elle fait cette prédiction en 1427, à un moment où le royaume de France semblait sur le penchant de sa ruine. La parole de Jeanne ne se réalisa qu'en 1440, après un concours d'événements inouis et par la libéralité de Philippe le

Bon, duc de Bourgogne, ennemi acharné du roi au moment où Jeanne annonçait cette délivrance. Il faut reconnaître, comme M. Albert Réville (1), que les prophètes voient étonnamment juste et loin !

Mais, sans appuyer tant sur le mystère qui cache à nos yeux les déterminations futures de la liberté humaine, quelle merveilleuse connaissance de toutes les causes naturelles, de leurs effets, des forces respectives des Anglais et des Français, ne fallait-il pas à cette jeune bergère de 17 ans ? Supposez un homme de génie, à qui Dieu a révélé toutes les décisions des volontés humaines, il ne parviendra pas à prévoir ce que Jeanne a prévu, parce qu'à l'action de la liberté humaine, s'est mêlée dans ces événements l'influence de mille causes naturelles, qu'il est au-dessus de l'homme de connaître et d'enchaîner.

À ce don de prophétie, Jeanne a parfois uni l'intuition, ou plutôt la connaissance instantanée d'événements qui se passaient au loin. Ainsi, elle a connu et annoncé le jour même, la défaite des Français, à la journée dite des Harengs, quoique la bataille se fût livrée à Rouvray et qu'elle se trouvât elle-même à Vaucouleurs, c'est-à-dire à cent lieues du théâtre du combat. Comment expliquer ce phénomène merveilleux ? Quelle relation a pu s'établir entre l'intelligence de Jeanne et ce fait matériel qui se passait au loin ? L'intelligence humaine saisit les objets matériels au moyen des sens, et ce qu'on appelle seconde vue ne peut être qu'une surexcitation des facultés

(1) *Loco cit.*

de nos sens, ou bien une révélation faite par un être supérieur. Vouloir expliquer la connaissance qu'eut Jeanne de la défaite des Français, par la perception sensible qu'elle aurait eue des événements matériels qui se passaient à Rouvray, c'est aller contre toutes les données de l'expérience. Si parfois on rencontre des personnes dont les sens délicats perçoivent ce qui n'est point perceptible pour d'autres, il ne s'agit jamais que de faits se passant sur le corps même du sujet, ou vus à des distances très-minimes; ici, la distance est de cent lieues. Au reste, si Jeanne eût perçu le combat au moyen des sens, elle eût pu en décrire les circonstances, et pour se concilier l'estime de Baudricourt, elle l'eût certainement fait, tandis qu'elle se contente d'annoncer l'échec des Français. Que l'on compare les exemples de seconde vue fournis par l'histoire avec le fait en question, et on verra la différence : une personne douée de seconde vue aurait dit qu'elle voyait des soldats, une lutte, des morts, des blessés, des troupes en fuite, et le reste; on sait que généralement ces personnes voient l'événement matériel, en exposent les détails sans presque s'en rendre compte, et sans donner le résultat final ; Jeanne, au contraire, ne connaît que le résultat. Ces personnes assurent qu'elles voient, entendent; Jeanne assure que ses voix lui racontent. Si par l'expansion de ses facultés naturelles elle voit la bataille, pourquoi ne le dit-elle pas ? Pourquoi ment-elle, en disant que d'autres lui racontent? En somme, le combat de Rouvray était imperceptible pour Jeanne, même douée du don de seconde vue, et la manière dont elle le raconte écarte toute idée de perception sensible.

Les preuves forment une ample démonstration de l'origine divine des révélations de Jeanne, pour toute intelligence exempte de préjugés; cependant elles n'ont pas convaincu tous les esprits, et l'on s'est ingénié à découvrir des traces de la faiblesse humaine dans cette œuvre toute divine. Toutes les objections peuvent se ramener aux deux suivantes. Si les révélations de Jeanne viennent du ciel, il faut leur reconnaître l'infaillibilité; or Jeanne s'est trompée; elle a annoncé qu'elle ferait entrer le roi à Paris, et que dans sept ans les Anglais perdraient tout en France, ce qui ne s'est point réalisé. En second lieu, si on attribue les faits merveilleux de la vie de Jeanne à une intervention surnaturelle, « ces phénomènes s'étant produits aussi communément en dehors qu'au dedans des religions mosaïque et chrétienne, il faut admettre les miracles du diable à côté des miracles de Dieu, et rentrer ainsi franchement dans la légende. (1) »

Toute révélation qui vient de Dieu est exempte d'erreur, et c'est là un privilége qui lui est propre; si donc Jeanne d'Arc s'est trompée dans les prédictions qu'elle attribue à ses voix, ses voix ne viennent pas de Dieu. Mais il faut observer que toutes les prophéties sont, tantôt absolues, tantôt conditionnelles, et qu'on n'a pas le droit d'accuser d'erreur le prophète dont la prédiction ne s'est point réalisée, si la réalisation en était subordonnée à une condition qui a manqué. Parmi ces conditions il en est de spéciales que le prophète doit faire connaître pour n'être point taxé d'erreur; mais il en est

_____

(1) M. Henri Martin. *Histoire de Jeanne Darc.*

d'autres qui sont dans la nature des choses, et que la plupart du temps le prophète n'exprime pas, parce qu'on les sous-entend dans le langage ordinaire de la vie. Jeanne a des prédictions, et notamment celle de la prise de Paris, qui rentrent dans cette dernière catégorie. Elle annonce aux habitants de Troyes que le roi entrera « dans brief à Paris. » Naturellement, cette prophétie emportait avec elle la condition que le roi prendrait les mesures suggérées par une prudence ordinaire pour l'assaut d'une grande place, c'est-à-dire, qu'il irait dans brief assiéger Paris avec une armée convenable ; et ici, il est bon de remarquer que la Pucelle avait toujours réclamé des hommes d'armes, disant : les gens d'armes batailleront et Dieu donnera la victoire. Or le roi, après son sacre, refuse de marcher de suite sur Paris, et laisse débander son armée. Evidemment la Pucelle ne le conduira pas dans sa capitale malgré lui ; la condition mise à la prophétie manquant, la prophétie ne peut se réaliser.

Cependant Jeanne finit, après de longs délais, par décider le roi ; mais le moment marqué par ses voix était passé, et au jour où l'armée se présente devant Paris, les voix se taisent ; Jeanne elle-même nous atteste dans son procès, qu'elle a fait l'attaque de Paris sans commandement de son conseil. Et encore, elle eût probablement fini par fléchir ses voix et emporter la place, mais les chefs firent retirer l'armée et la contraignirent elle-même à quitter le siége et à s'éloigner de Paris, « contre le vouloir du Seigneur », dit-elle. L'insuccès de Jeanne devant Paris n'est donc pas une raison pour attaquer l'infaillibilité de ses révélations.

Voyons si la seconde accusation est mieux fondée que la première. Voici les paroles de Jeanne tirées des pièces de son procès : « Avant qu'il soit sept ans, les Anglais délaisseront un plus grand gage qu'ils n'ont fait devant Orléans et perdront tout en France : les Anglais auront la plus grande perte qu'ils aient jamais eue en France et ce sera par une grande victoire que Dieu enverra aux Français. Je sais cela par révélation, aussi bien que je sais que vous êtes là devant moi. » Jeanne, dit-on, a prédit la prise de Paris avant sept ans, elle a eu lieu ; mais les Anglais ont encore gardé quelques places en France pendant 25 ans ; en disant qu'ils perdraient tout avant sept ans, Jeanne s'est donc trompée. L'objection est vraiment puérile. Le mot « tout » doit s'entendre ici dans un sens moral, le contexte l'indique clairement : Les Anglais perdront « tout », c'est-à-dire ne garderont plus en France qu'une puissance insignifiante ; dans sept ans, il en sera fait de leur domination, et ils devront renoncer à l'espoir de gouverner la France. Que ce soit là le sens des paroles de la Pucelle, ce qu'elle ajoute ne permet pas d'en douter ; après avoir dit qu'ils perdront tout, elle explique ainsi sa pensée : « Les Anglais auront la plus grande perte qu'ils aient jamais eue en France, » c'est-à-dire la perte de Paris, qui entraînera celle de tout le royaume.

Quand même Jeanne n'eût pas pris soin de préciser son idée, nous devrions interpréter ses paroles comme je viens de le faire. En effet, dans cette prédiction elle a été certainement douée de l'esprit prophétique, puisqu'en 1431, elle annonçait avec certitude, la prise de Paris qui ne devait avoir lieu qu'en 1436, et ce qui est aussi étonnant, elle en fixe l'époque. On est donc fondé à croire, que l'esprit qui l'a inspirée dans une partie de sa prophétie, a également dicté ses autres paroles, et par conséquent on est autorisé à choisir, parmi les différents sens qu'offre sa phrase, celui qui concorde le mieux avec la vérité.

A l'aide des observations que je viens de faire sur ces deux prédictions, on peut résoudre toutes les difficultés que présenteraient de prime abord les prédictions de Jeanne mises en regard de l'histoire. Il est bon aussi de remarquer, que les réponses de Jeanne n'ont pas toujours été fidèlement rapportées par les notaires chargés de les recueillir. Les témoins du procès de réhabilitation (1), assurent que, plus d'une fois, Cauchon a défendu de transcrire textuellement les paroles de l'accusée, et que souvent les rédactions des différents secrétaires ne concordaient pas entre elles ; il faut donc s'en tenir à l'idée plutôt qu'aux mots.

Comme on le voit, c'est en vain qu'on chercherait à dépouiller la parole de Jeanne de cette infaillibilité qu'elle possède incontestablement, et qui la marque d'un caractère divin. Arrivons à la seconde objection.

Si l'on attribue à une intervention surnaturelle, les merveilles de la vie de Jeanne d'Arc, il faudra admettre les miracles du diable à côté des miracles de Dieu et rentrer ainsi franchement dans la légende. Une pareille ob-

(1) Entre autres, Guillaume Manchon, premier greffier du procès de condamnation.

jection dans la bouche d'un historien distingué comme M. Henri Martin ne se comprend vraiment pas. Quel est en effet le premier devoir de l'historien, sinon de constater les faits ? Si donc à côté des miracles divins, je rencontre des prodiges diaboliques, mon premier soin sera de les admettre, et je ne les rangerai pas au nombre des événements légendaires, pour ce seul motif, qu'ils sont des prodiges. Lorsque ces prodiges seront accompagnés de témoignages propres à produire la certitude historique, je les inscrirai parmi les événements historiques à côté des miracles divins. Le ciel n'a rien à redouter de la comparaison de ses œuvres avec celles de l'enfer ; la vérité chrétienne n'a rien à craindre, pour la solidité de ses preuves, des contrefaçons de l'erreur ; la vérité historique est le premier fondement du christianisme. J'admets donc l'origine divine des révélations de Jeanne, parce qu'elles m'apparaissent avec tous les caractères de la certitude, et je n'ai rien à craindre des prodiges diaboliques qu'on peut leur opposer, parce que les miracles divins portent avec eux un cachet inimitable.

Trop longtemps, hélas ! on a refusé de reconnaître chez Jeanne, l'un des plus beaux priviléges dont le ciel l'ait dotée ; mais la vérité perce enfin les nuages qui l'enveloppaient et l'œuvre de Dieu paraît dans toute sa splendeur. Jeanne marche à côté des Gédéon et des Débora, si même elle ne les surpasse. A qui en effet la comparer dans l'histoire ? Elle vit familièrement avec les anges et les saints de Dieu, et sauve la France par leur secours. A peine, parmi les saints que l'Eglise a placés sur ses autels, en trouve-t-on quelques uns qui aient été en relation plus intime, « avec leurs frères de Paradis, » et on n'en trouve pas dont les révélations aient exercé une pareille influence sur les destinées de leur pays et même de l'Eglise, puisque servir la France, c'est servir l'Eglise.

CHAPITRE V.

Sainteté chrétienne de Jeanne d'Arc. — Foi, espérance et charité.
— Prudence. — Chasteté. — Jeanne appartient à l'Eglise.

Jeanne d'Arc, je l'ai montré, est du petit nombre de
ces âmes privilégiées, auxquélles Dieu accorde l'honneur
insigne d'entrer en relation directe avec le ciel. D'ordinaire, il choisit pour ces communications des natures d'é-
lite qui semblent tenir moins de la terre que du ciel et mener dans une chair mortelle une vie angélique ; parfois, cependant il n'a pas dédaigné de se révéler à des hommes
de vertu vulgaire, qui doivent toute leur grandeur à ce
choix gratuit du ciel. Jeanne d'Arc est-elle du nombre de
ces derniers ? ou bien n'est-elle pas plutôt une de ces
âmes chez qui la grandeur morale est à l'égal des priviléges dont le ciel les comble ? Eblouie par les dons merveilleux de prophétie et de courage militaire, qui ont
brillé dans Jeanne d'Arc, la postérité n'a pas ouvert les
yeux sur un côté non moins grandiose de sa vie, sur sa
sainteté chrétienne. Cependant Jeanne fut une sainte, et
c'est à sa sainteté qu'elle doit d'avoir été choisie pour la
noble mission de sauver la France, et d'avoir déployé une
si merveilleuse constance dans l'exécution des ordres célestes.

La sainteté n'est autre chose que la pratique de toutes
les vertus portée à un degré héroïque. Ce n'est pas à
dire que chaque saint ait possédé chacune des vertus à

5

un degré également extraordinaire ; mais cela signifie que pour être saint, il faut pratiquer d'une manière non vulgaire les principales vertus théologales et morales, qui sont comme l'essence de la perfection chrétienne. A cette base de toute sainteté, s'ajoute dans chaque individu quelque vertu caractéristique pratiquée à un degré héroïque. Les principales vertus théologales et morales ont-elles brillé chez Jeanne d'un vif éclat, et quelle est la vertu qui forme, pour ainsi dire, son caractère distinctif ?

La première des vertus chrétiennes, la foi, fait comme le fond de la vie de Jeanne d'Arc, et on peut bien lui appliquer cette parole de l'Apôtre : *Justus meus ex fide vivit* (1). Pour exprimer la fermeté de sa foi en l'origine divine de ses voix, elle ne pouvait trouver de comparaison plus énergique que de l'assimiler à sa foi aux vérités chrétiennes. Elle disait croire à ses révélations, comme elle croit que Notre-Seigneur Jésus-Christ a souffert mort et passion pour nous, signifiant ainsi que la plus ferme de ses croyances était sa foi aux principes du christianisme. Elle a attesté qu'elle voulait mourir en bonne catholique, et que si dans ses réponses, il y avait quelque chose de mal contre « la foi chrétienne que Notre Sire a commandée, elle ne le voudrait soutenir et serait bien courroucée d'aller à l'encontre » (à l'encontre de cette foi). Pour être parfaite, la foi doit être accompagnée des œuvres, surtout dans une âme essentiellement active comme fut Jeanne. Aussi, la voyons-nous constamment

(1) Rom. I, 17.

occupée des actes de dévotion, que lui inspirait l'ardeur
de sa foi. Avant son départ pour la guerre, elle fré-
quente les églises et les pélerinages voisins de son village, elle assiste souvent à la messe, se confesse tous les
mois, reçoit fréquemment la sainte Eucharistie, se met à
genoux au milieu des champs quand elle entend le son
des cloches, et parfois quitte ses compagnes et se retire
derrière les haies ou les buissons pour faire plus à
son gré ses oraisons. Elle témoignait une spéciale dévotion à la Vierge Marie, et pour ce, aimait à aller souvent
à l'ermitage de Notre-Dame de Bermont situé près de
son pays. Un témoin du procès de réhabilitation raconte
aussi que, durant son séjour à Vaucouleurs, « elle entendait souvent les messes du matin dans l'église de Notre-
Dame de cette ville, et y demeurait longtemps en prières ;
ou bien encore elle descendait dans la chappelle souter-
raine et s'agenouillait devant l'image de Marie, le visage
humblement prosterné ou levé vers le ciel. » Telle était
la vivacité de sa foi qu'elle paraît avoir eu dès lors le
don des larmes, don qu'elle posséda certainement dans
la suite : « elle jeûnait et plorait, » dit Jean Massieu parlant d'elle avant son voyage à Chinon.

Cette foi vive de son enfance si difficile à conserver au
milieu du tumulte et de la licence des camps et de la
cour, ne fit que briller chez elle d'un éclat de jour en
jour plus vif. Tous les jours, vers le soir, elle faisait sonner les cloches environ une demi-heure, et réunissait les
religieux de la suite de l'armée pour chanter des antiennes à la sainte Vierge : elle se levait trois ou quatre
fois la nuit pour faire ses oraisons, recommandait aux

gens d'armes de se confesser avant d'aller à l'assaut, faisait marcher devant sa compagnie un bataillon de prêtres chantant des hymnes, et reprenait courageusement les blasphémateurs, fussent-ils des seigneurs ou des princes. On raconte qu'un jour, en sa présence, un grand personnage se permit de jurer en pleine rue et de renier Dieu ; cette sainte fille s'en troubla de déplaisir, alla vers ce seigneur qui jurait encore, et le prit par le collet disant : « Ha maistre, osez-vous bien renier nostre Seigneur et nostre Maistre? En nom Dieu, vous vous en dédirez avant que je parte d'ici. » Ce seigneur se repentit aussitôt et révoqua ce qu'il avait dit.

A la vue de ses ennemis étendus sur le champ de bataille, elle ne regrettait rien tant, disait-elle, que de savoir qu'ils étaient morts sans confession. Elle procurait elle-même des confesseurs aux blessés, sauvait les églises du pillage, et faisait respecter les gens d'église anglais ; et la seule grâce qu'elle ait demandée au roi, c'est de faire célébrer, après sa mort, des messes pour le repos de son âme.

Que dire de sa foi au sacrement de nos autels? Son premier soin en entrant dans une ville était d'aller à l'église, pour adorer son Créateur; dans ses communions, qui étaient fréquentes, elle versait des larmes en abondance. Pendant sa détention, elle avait obtenu de Jean Massieu de faire oraison dans la chapelle du château, avant d'entrer à la salle des séances; Cauchon le sut, et ordonna de lui fermer l'entrée de l'église, comme à une excommuniée : alors, elle supplia son conducteur de lui permettre au moins de prier devant la porte de cette église, deman-

dant expressément : « y est le corps de Notre Seigneur? »
Ce qui faisait saigner son cœur, durant son procès, c'était
de ne pouvoir entendre la messse et recevoir son Sauveur. Ses ennemis se servirent même de son vif désir
de la communion, comme d'un appât, pour la faire con-
sentir à leurs desseins.

Cette foi de Jeanne est d'autant plus admirable qu'elle
fut soumise à la plus terrible des épreuves. Qu'y a-t-il
en effet de plus capable d'étouffer la foi dans une âme,
que la vue de ces juges ecclésiastiques, cardinaux, évêques,
religieux, représentants du Saint-Office, et délégués par
autorité apostolique, trahissant leur conscience; accusant
et condamnant comme hérétique une âme certaine de son
orthodoxie, et cherchant à mettre en contradiction la parole catholique de Dieu, avec les révélations particulières qu'il fait à ses serviteurs? Cette épreuve nouvelle
ne fit qu'ajouter une gloire nouvelle au triomphe de
Jeanne, et à lire les récits que nous ont laissés les
témoins oculaires de son supplice, on croirait avoir sous
les yeux une page des actes des martyrs.

L'espérance, fille de la foi, fut chez Jeanne la princi-
pale source de ce merveilleux courage qui la fit triompher de tous les obstacles, et accomplir jusqu'au bout sa
divine mission. Elle n'attendait rien de ses propres forces, mais tout de Dieu; ce qui la consola dans ses dures
épreuves, ce fut l'espoir du paradis, dont elle parla souvent durant son procès, et même sur le bûcher. Quand
ses juges la pressent et cherchent à lui démontrer que le
ciel l'abandonne, elle répond « qu'elle s'en attend à Notre-Seigneur, » et c'est ce sentiment d'espérance qu'elle

oppose invariablement à toutes les attaques de ses ennemis. Et il lui fallut en la promesse de Dieu une confiance
sans bornes et vraiment héroïque pour ne pas désespé-
rer de l'exécution des ordres du ciel, alors que parents,
princes, hommes d'église, tout semblait s'opposer à leur
réalisation, alors surtout que tombée en la puissance de
ses ennemis, elle s'entendait reprocher cette foi qu'elle
avait aux promesses divines ; mais elle savait en qui elle
avait mis son espérance. Ce qu'elle a recherché : ce n'est
point la gloire ; elle aimerait mieux filer auprès de sa
mère, que vivre à la cour du roi : ce ne sont point les
richesses ; elle n'a jamais rien demandé à Charles : mais
ce sont les joies du paradis qu'elle espère conquérir en
faisant la volonté de Dieu. Heureuse fut-elle de n'avoir
point mis son espoir dans les hommes, jusqu'ici elle n'a
guère obtenu d'eux que l'injustice et l'ingratitude.

Ces vertus de foi et d'espérance qu'on retrouve dans
toute vie chrétienne, tendent à la charité, qui est la plus
parfaite des vertus théologales, et comme le couronnement de la sainteté. Jeanne, Messie de la France, posséda
cette vertu à un degré éminent, puisqu'elle sacrifia sa
vie pour exécuter la volonté de Dieu et sauver son pays :
*Majorem hac dilectionem nemo habet ut animam suam
ponat quis pro amicis* (1). Je ne m'arrêterai pas à examiner chacun des actes de charité que Jeanne pratiqua,
il me suffira d'en rappeler les traits principaux. Blessée
pendant le siége d'Orléans, elle n'a personne pour
panser sa plaie ; un homme d'armes veut la charmer,

(1) Joan. XV, 13.

elle refuse, disant qu'elle aimerait mieux mourir que de faire chose qui déplût à Dieu. Le comte de Suffolk et Talebot l'avaient accablée d'injures grossières qui avaient fait couler les larmes de cette chaste guerrière, elle se contente de leur dire, quand elle les a faits prisonniers : « Que Dieu ait pitié de votre âme. » Les pauvres gens des champs viennent en foule à elle ; jamais elle ne se plaint de leur importunité, mais au contraire, elle les accueille avec amour et leur fait tout le bien qui est en son pouvoir. Elle se voit sans cesse entravée dans ses desseins par le roi et son conseil, puis lâchement abandonnée ; il ne sort pas une plainte, pas une récrimination de sa bouche. Enfin, à l'instant suprême, quand victime de la méchanceté de ses juges, elle va monter sur le bûcher, elle déclare publiquement qu'elle pardonne à tous ceux qui lui ont fait du mal, et va même jusqu'à se recommander aux prières de ces âmes iniques. Qui ne reconnaîtrait en elle le disciple fidèle de Celui qui, sur la croix, pardonna à ses bourreaux ?

Du rapide examen que je viens de faire de la vie de Jeanne, sous le rapport des vertus théologales, il ressort que le principe de sa vie morale fut le principe chrétien, et que les autres vertus, dont elle donna de si beaux exemples, furent chez elle anoblies et élevées à un ordre supérieur par l'intention et la grâce surnaturelles. Parmi ses vertus morales, je signalerai seulement sa prudence ou sagesse, sa tempérance, son humilité et sa force. Cette dernière vertu a brillé chez elle d'un éclat particulier, et fait, pour ainsi dire, son caractère distinctif.

Jeanne n'eut point une de ces vies tranquilles dans

lesquelles la prudence mérite à peine le nom de vertu. Passant subitement de sa chaumière à la cour du roi et échangeant à l'âge de dix-sept ans sa houlette contre une épée, cette jeune bergère eut besoin d'une prudence plus qu'humaine. A l'entrée même de sa carrière, elle rencontra un obstacle difficile à vaincre et dont, grâce à sa sagesse, elle triompha avec une merveilleuse habileté. Dieu lui commande d'aller en France, et son père refuse absolument de la laisser partir; il faut obéir à Dieu plutôt qu'aux hommes, Jeanne part donc à l'insu de ses parents; elle a satisfait à son Père du ciel, elle veut satisfaire aussi à son père de la terre, elle lui écrit donc et en obtient son pardon. Dans les camps elle est en contact habituel avec des hommes d'armes dont la chasteté n'est point précisément la vertu favorite; elle comprend combien il lui importe de conserver sa réputation intacte; aussi, lorsqu'il ne s'agit pas du fait de la guerre, elle s'écarte de la compagnie des hommes; dans les villes, elle loge chez les matrones les plus respectables, elle veut même avoir toujours une femme pour compagne de lit. Grâce à ces précautions, elle garda toujours sa renommée pure de toute souillure, et la postérité lui donne encore le beau nom de Pucelle.

Sa carrière fut semée d'écueils plus dangereux encore et plus difficiles à éviter. Il lui fallait ne pas blesser la susceptibilité d'un roi jaloux, et ne point donner prise aux attaques d'un conseil impuissant à sauver le royaume, et irrité de voir l'autorité passer de ses mains dans celles d'une jeune fille. Simple bergère, Jeanne devait imposer ses sentiments à de vieux guerriers, à des

princes du sang; elle dut plus d'une fois les faire changer d'avis, et vaincre comme malgré eux. Elle déploya
tant de circonspection, tant de sagesse, que l'orgueil militaire et nobiliaire de ses compagnons d'armes n'en fut
jamais froissé. L'admiration populaire lui décernait des
honneurs presque divins; les foules accouraient à sa rencontre en criant : noël ! noël ! et en chantant *Te Deum ;*
elle se tenait si bien à sa place et se montrait si humble,
que le roi et les princes avec qui elle marchait, ne s'en
trouvèrent jamais humiliés. Mais ce qui semble plus
merveilleux encore, c'est la prudence et la sagacité qu'elle
déploya dans toutes ses réponses, durant un long procès
poursuivi avec l'ardeur de la haine, par les docteurs les
plus retors et les plus versés dans la chicane. Si les
annales judiciaires ont jamais montré autant de subtilité
chez les accusateurs, certainement elles n'ont jamais
montré tant d'habileté jointe à tant de franchise chez l'accusé.

Ce qui augmente l'admiration, c'est que ce prodige de
sagesse était une pauvre fille de laboureurs, qui n'avait
appris que le « *Pater*, l'*Ave* et sa créance, » et qui n'avait
jamais vécu qu'avec des gens de la campagne ignorants
comme elle. L'éclat de cette vertu était encore rehaussé
chez Jeanne par la franchise et la sincérité la plus com-
plète. La prudence humaine, surtout dans les cours, est
toujours et comme nécessairement souillée par la dupli-
cité et le mensonge; elle a des côtés secrets, des ressorts
mystérieux qu'on n'ose faire paraître au grand jour. La
cour de Charles offrait alors plus d'un exemple illustre
de cette politique mondaine; Regnault de Chartres et La

Trémoïlle en connaissaient et pratiquaient tous les secrets. Chez Jeanne, la sagesse est pure de tout cet alliage;
l'histoire de sa vie ne nous offre pas un trait, pas une parole, qui ne respire la plus entière franchise.

A la première apparition du ciel, Jeanne avait voué à
Dieu une vertu difficile à garder dans toutes les circonstances de la vie, mais surtout au milieu des camps;
Jeanne avait fait vœu de virginité. Nous avons déjà vu
quelles précautions elle employa pour éviter même l'ombre d'une souillure. Elle fuyait la compagnie des hommes
autant que faire se pouvait, recevait fréquemment dans
la communion le pain des forts et le vin qui fait germer
les vierges; elle jeûnait les vendredis et pendant tout le
carême, et montrait une spéciale dévotion à la Vierge
Marie. Exposée dans la prison laïque où elle était détenue,
à des violences de toute espèce et à des injures qui pouvaient souiller sa chaste imagination, elle n'épargna rien
auprès de ses juges pour être menée « ès prisons ecclésiastiques », où elle n'aurait pas eu à subir tous ces ou-
trages. Pour mieux défendre sa pudeur contre les attaques de ses gardes, elle eut le courage de reprendre ses
habits d'homme qu'elle avait juré de ne plus revêtir, sachant bien qu'une telle conduite la ferait déclarer relapse
et condamner au feu : ainsi, on peut bien dire qu'elle mourut martyre de la chasteté. Elle garda intacte sa virginité
de corps et d'âme, pendant toute sa vie, ainsi que l'ont
attesté les matrones déléguées par deux fois pour l'examiner. Tel était son amour pour cette angélique vertu,
que la seule vue d'une « femme folle de son corps »,
comme elle appelait les filles perdues, suffisait pour

exciter son indignation. Quand elle en rencontrait quelqu'une, elle lui adressait d'abord des remontrances avec douceur, puis, quand ce moyen ne réussissait pas, elle usait d'une vigueur tout apostolique; un jour même, elle en poursuivit une et la frappa du plat de son épée qui se rompit.

Pour récompenser cet amour de la virginité, Dieu la favorisa d'un don rare, même chez les Saints. Elle était jeune, bien faite et d'une beauté remarquable, et cependant sa vue n'excita jamais le moindre désir impur dans le cœur de ceux qui vivaient en sa compagnie. Jean Dolon raconte que, soit pour l'armer, soit pour la panser, il fut maintes fois forcé de voir son corps et de la toucher, et que jamais, ni cette vue, ni ces attouchements n'ont produit chez lui la moindre révolte des sens, quoiqu'il fût alors dans toute la force de l'âge. Ceux qui ont vécu avec elle attestent même qu'elle fut exempte des incommodités naturelles de son sexe. Dieu ne voulait pas que l'ombre d'une souillure, même purement matérielle, profanât le corps virginal de celle qu'il appelait sa fille.

La chasteté de la vierge suppose l'humilité, comme l'effet suppose la cause. La virginité, en effet, est un état de perfection, dans lequel l'homme ne saurait vivre sans un secours particulier du ciel, et cette faveur, Dieu ne l'accorde qu'aux âmes humbles. Ayant vu la chasteté briller chez Jeanne d'un tel éclat, nous avons le droit d'en conclure qu'elle fut humble, et c'est ce que nous montre son histoire. Ainsi, jamais elle ne s'attribuait gloire, mais rapportait tout à Dieu ; quoiqu'elle fût heureuse de voir le peuple accourir sur son passage et sur celui du roi, elle refusait cependant les expressions trop vives de l'admiration populaire. On la vit maintes fois se courroucer de ce qu'on lui apportait des objets de piété à bénir par son attouchement, disant qu'elle n'y pouvait pas plus que les autres. Au milieu des honneurs presque divins qu'on lui rendait de toutes parts, elle n'oublia ni ses parents, ni son village. Souvent on l'entendit s'écrier, depuis le sacre du roi à Reims, c'est-à-dire, quand elle était au comble de la gloire : « Je voudrais que ce fût le plaisir de Dieu, mon Créateur, que je m'en retournasse maintenant en laissant les armes, pour aller servir mon père et ma mère en gardant les brebis avec ma sœur et mes frères, lesquels se réjouiraient fort de ma venue. » « Ce n'est pas mon état, » disait-elle encore, « mais notre Sire (Dieu) le veut. » Observons cependant, que son humilité ne revêtit point les formes qu'elle affecte d'ordinaire chez les Saints. Ainsi, son histoire ne rapporte pas qu'on l'ait jamais entendue se proclamer la plus grande des pécheresses, la dernière des créatures. Bien qu'à la tête des armées, elle regrettât sa condition de simple bergère, on ne la vit cependant jamais rechercher les derniers emplois, ni les humiliations, comme l'ont fait tant de grands saints. Mais cela ne diminue en rien le mérite de sa vertu; les mêmes sentiments paraissent sous des dehors divers, selon les diversités de caractère. Au reste, Jeanne était à l'armée une envoyée de Dieu et devait, par conséquent, parler et agir avec toute l'autorité que lui conférait une pareille mission, et on comprend que, dans un chef d'armée, l'humilité se manifeste sous une autre forme que chez un moine.

De toutes les vertus de Jeanne, celle qui lui donne sa physionomie propre, son caractère distinctif, c'est la vertu de force, c'est l'héroïsme. Héroïque, en effet, fut Jeanne d'Arc dans toute sa vie : héroïque sur le champ de bataille, héroïque dans sa constance à lutter contre les indécisions du roi, héroïque dans sa prison, héroïque sur le bûcher. La postérité a toujours reconnu cette vertu dans Jeanne ; on l'a même trop exclusivement célébrée, et l'héroïne a fait disparaître la sainte ; je ne m'arrêterai donc pas sur ce point. Quant aux rétractations partielles que la ruse et la violence arrachèrent à cette innocente victime, on ose à peine les qualifier de faiblesses ; au récit des tortures physiques et morales qui avaient épuisé ses forces, on n'a pas le droit de s'étonner d'un instant de défaillance ; au reste, les flammes du bûcher ont expié cette faute, si faute il y eut.

Cette merveilleuse sainteté de Jeanne avait frappé les regards du peuple, et le cardinal d'Angleterre fit jeter dans la Seine les cendres de la Pucelle, craignant qu'on ne les honorât comme les reliques d'une martyre. Son confesseur la proclamait une sainte, et un de ceux qui avaient pris part au procès s'écriait : « Je voudrais que mon âme fût où je crois qu'est l'âme de cette femme. » Le bourreau, après l'exécution, courut au couvent des Frères-Prêcheurs, disant qu'il craignait d'être damné pour avoir brûlé une sainte femme, et Tressart, secrétaire du roi, disait en revenant du supplice : « Nous sommes tous perdus, c'est une sainte qu'on a brûlée. »

De ce rapide coup d'œil sur les vertus de Jeanne ressort cette vérité évidente comme le jour : que cette héroïne fut avant tout une sainte chrétienne. Dire qu'elle fut l'incarnation du sentiment patriotique, l'âme de la France, c'est employer de grands mots pour exprimer des idées vagues et incomplètes. Jeanne fut une pieuse chrétienne catholique, à qui Dieu donna miraculeusement la mission de sauver la France avec les moyens de l'exécuter, lui inspirant un patriotisme ardent et la faisant triompher de ses ennemis. Telle est l'idée précise que l'on doit se former de Jeanne.

On a dit (1) qu'aucune doctrine, aucune forme, aucune secte ne doit absorber celle qui fut le Messie de la France. C'est évidemment une injustice. Jeanne est une chrétienne, une fille de l'Eglise catholique dans laquelle elle est née, dans laquelle elle a vécu et dans laquelle elle a protesté qu'elle mourrait. Elle a cru ce qu'enseigne l'Eglise, espéré ce que promet l'Eglise, aimé ce qu'aime l'Eglise et pratiqué ce que commande l'Eglise; toutes ses paroles et tous ses actes en font foi. Jeanne est donc bien à l'Eglise et au christianisme ; nulle autre société, nulle autre doctrine n'a le droit de la réclamer. Elle appartient aussi à la France, mais à la France chrétienne, qui est « le royaume du Fils de Marie, » dont l'archange saint Michel est le défenseur, « le trompette, » disait-elle, et pour qui « Charlemagne et saint Louis prient à genoux devant le trône de Dieu. » Elle sauve cette France parce que Notre-Seigneur Jésus-Christ le lui commande ; sans cesse elle répète que c'est là l'unique motif qui la guide. Elle s'adresse, pour chasser l'ennemi de France, aux

_____

(1) M. Henri Martin, *Op. cit.* p. 5.

anges et aux saints de l'Eglise, elle réclame les prières de ses prêtres. Voilà la France que Jeanne a voulu sauver, et qu'elle a sauvée en effet ; voilà les intentions qui l'ont animée, intentions nettes, précises, qui sont loin de ce sentimentalisme, et de ce vague patriotisme dont on prétend qu'elle fut la personnification. Peut-être, bien des esprits trouveront-ils cette appréciation petite et mesquine ; mais elle a la grandeur de la vérité.

CHAPITRE VI.

Accusation de rébellion envers l'Eglise, renouvelée contre Jeanne. — Sommaire des interrogatoires concernant cette question. — Justification de Jeanne.

Jeanne a été condamnée comme hérétique et comme rebelle à l'autorité de l'Eglise ; ses juges avaient spécialement insisté sur ce dernier point, dans la seconde partie du procès. Plusieurs auteurs contemporains n'ont pas craint de renouveler cette imputation calomnieuse, et d'adopter l'opinion de l'Université de Paris, sur le dernier des douze chefs d'accusations dirigés contre Jeanne. On n'a point voulu voir dans la vie de cette héroïne, la parfaite soumission que tout chrétien doit professer pour les décisions de l'Eglise; on a cherché à faire de cette sainte un martyr de la libre pensée. Rétablissons la vérité des faits, en prouvant que Jeanne a montré une entière obéissance à tout ce que l'Eglise pouvait exiger d'elle, et que son refus de se soumettre en certains points était parfaitement légitime. Voici le résumé des interrogatoires et des réponses de Jeanne, concernant cette question.

Le 15 mars, Jeanne fut pour la première fois avertie, avec des exhortations charitables « que si elle a fait quelque chose qui soit contre notre foi, elle s'en doit rapporter à notre sainte mère l'Eglise. » C'est Jean de la Fontaine, qui en l'absence de Cauchon, fit entrer le procès dans cette voie. Jeanne répondit : « Que mes réponses soient vues et examinées par les clercs, et puis qu'on me dise s'il y a quelque chose contre la foi chrétienne ; je saurai bien à dire par mon conseil ce qu'il en sera. Et toutefois, s'il y a rien de mal, contre la foi chrétienne, que notre Sire a commandée, je ne le voudrois soutenir et serois bien courroucée d'aller encontre. »

Elle s'appuyait sur l'autorité de ses saintes ; on lui expliqua « l'Eglise triomphante et l'Eglise militante, ce que c'était de l'une et de l'autre. Requise, que de présent, elle se mît en la détermination de l'Eglise, soit bien, soit mal, répond : — Je ne vous en répondrai autre chose pour le présent. »

Un instant après on lui dit : « Voulez-vous vous soumettre et rapporter à la détermination de l'Eglise ? — Toutes mes œuvres, dit-elle, et mes faits sont en la main de Dieu, et je vous certifie que je ne voudrois rien faire ou dire contre la foi chrétienne ; si j'avais rien fait ou dit, qui fût, au jugement des clercs, contre la foi chrétienne, je ne le voudrois soutenir, mais le bouterois dehors. » On demandait une déclaration plus précise. — « Je ne vous en répondrai maintenant autre chose ; mais samedi, envoyez-moi le clerc, si vous ne voulez venir, et je lui répondrai à l'aide de Dieu, et il sera mis en écrit. »

Le samedi 17, les mêmes interrogateurs lui demandèrent de nouveau si « elle vouloit s'en remettre à la détermination de l'Eglise, de tous ses dits et faits, soit de bien soit de mal. » Elle répondit : « Quant à l'Eglise, je l'aime et la voudrois soutenir de tout mon pouvoir pour notre foi chrétienne, et ce n'est pas moi qu'on doive empêcher d'aller à l'église et d'entendre la messe. Quant aux bonnes œuvres que j'ai faites, et à ma venue, il faut

que je m'en attende au Roi du ciel, qui m'a envoyée à
Charles, fils de Charles, roi de France, qui sera roi de
France.....» Le juge répéta : « Vous en rapportez-vous
à la détermination de l'Eglise ? — Je m'en rapporte à
Notre Seigneur qui m'a envoyée, à Notre-Dame, et à tous
les benoîts saints et saintes du Paradis. Il m'est avis que
c'est tout un de Notre-Seigneur et de l'Eglise, et qu'on
n'en doit faire de difficulté... » On lui redit très-claire-
ment la distinction de l'Eglise triomphante et de l'Eglise
militante et on ajouta : « Ne voulez-vous pas vous en rapporter à l'Eglise militante ? — Je suis venue au roi de
France de par Dieu, de par la vierge Marie, et tous les
benoîts saints et saintes du paradis, et l'Eglise victorieuse
de là-haut, et de leur commandement ; et à cette Eglise-
là, je soumets tous mes bons faits, et tout ce que j'ai fait
ou à faire. Pour l'Eglise militante, je n'en répondrai
maintenant autre chose..... — Vous semble-t-il que
vous soyez tenue de répondre pleinement au Pape, vicaire de Dieu, sur tout ce qu'on vous demanderoit touchant la foi et le fait de votre conscience ? — Menez-moi
devant lui et je répondrai tout ce que je devrai répondre.»

A la lecture des chefs d'accusation, on lui demanda si
« elle vouloit se soumettre à l'Eglise, dans le cas où elle
eût fait quelque chose contre la foi chrétienne, » elle dit :
« Samedi, après dîner, je répondrai. »

Le samedi, veille de Pâques, Jeahne fut interrogée
dans sa prison ; on lui répéta la même question : « Si
elle vouloit s'en rapporter à l'Eglise qui est sur la terre,
des crimes et délits qu'on lui imputoit, et de tout ce qui,
touchoit son procès.» Elle répondit : «Je m'en rapporte-

rai à l'Eglise militante de ce qu'on me demande, pourvu qu'elle ne me commande chose impossible à faire.—Qu'appelez-vous impossible?—C'est que les choses que j'ai dites ou faites, comme je l'ai déclaré au procès, touchant les visions et révélations que j'ai eues de par Dieu, je ne les révoquerai pour quelque chose que ce soit, et ce que Notre Sire m'a fait faire et commandé et commandera, je ne le laisserai à faire pour homme qui vive; il me seroit impossible de le révoquer, et en cas que l'Eglise me voudroit faire faire autre chose, au contraire, du commandement qui m'a été fait de Dieu, je ne le ferois pour chose quelconque. » — « Si l'Eglise militante vous dit que vos révélations sont illusions ou chose diabolique ou superstition, ou mauvaise chose, vous en rapporterez-vous à l'Eglise?—Je m'en rapporterai à Notre-Seigneur, duquel je ferai toujours le commandement. Je sais bien que ce qui est contenu au procès est venu par le commandement de Dieu, et ce que j'ai affirmé audit procès avoir fait du commandement de Dieu, il me seroit impossible de faire le contraire. — Et si l'Eglise militante vous commandoit de faire le contraire. — Je ne m'en rapporterois à homme du monde, fors à Notre-Seigneur que je ne fisse toujours son bon commandement. — Ne croyez-vous point que vous soyez sujette à l'Eglise qui est en terre, c'est à savoir, à notre Saint Père le Pape, aux cardinaux, aux archevêques, évêques et autres prélats de l'Eglise? — Oui, Notre Sire (Dieu) premier servi. — Avez-vous commandement de vos voix de ne vous point soumettre à l'Eglise militante qui est en terre et à son jugement? — Je ne réponds chose que je prenne en ma tête; ce que je réponds, c'est du commandement de mes voix, et elles ne me commandent point de ne pas obéir à l'Eglise, Notre Sire premier servi.

Isambard atteste en outre, au procès de réhabilitation, que Jeanne, après s'être fait expliquer ce qu'était le concile de Bâle, s'écria : « Oh! puisqu'en ce lieu sont aucuns de notre parti, je veux bien me rendre et soumettre au concile de Bâle. » Selon Pierre Massieu, elle déclara aussi, après avoir entendu la distinction des deux Eglises, « qu'elle vouloit se soumettre à l'Eglise comme une bonne chrétienne. »

A la première admonition, Jeanne, interrogée de rechef sur ce point, répondit : « Je m'en attends à la réponse que j'en ai faite et à Notre-Seigneur.... quelque chose qui m'en doive advenir, je n'en ferai, ou dirai autre chose que ce que j'ai dit devant, au procès.... » Nicolas Midi la pressant : « Je suis bonne chrétienne, dit-elle, j'ai bien été baptisée, et je mourrai comme une bonne chrétienne. »

Le mercredi 2 mai, on revint à la charge, et on lui réitéra l'explication de l'Eglise militante : « Je crois bien l'Eglise d'ici-bas, répliqua-t-elle, mais de mes faits et dits, ainsi qu'autrefois je l'ai dit, je m'attends et rapporte à Dieu. — Croyez-vous que l'Eglise puisse se tromper? — Je crois bien que l'Eglise militante ne peut errer ou faillir, mais quant à mes dits et mes faits, je m'en rapporte à Dieu qui m'a fait faire ce que j'ai fait.... — Voulez-vous dire que vous n'avez point de juge sur la terre? et notre Saint Père le Pape n'est-il point votre juge? — Je ne vous en dirai autre chose. J'ai bon maître, c'est à savoir, Notre-Seigneur, à qui je m'attends de tout et non à autre. — Si vous ne voulez croire l'Eglise et l'article : *Ecclesiam sanctam catholicam*, vous serez hérétique en vous y obstinant, et punie du feu par la sentence d'autres juges. — Je ne vous en dirai autre chose, et si je voyois le feu, si dirois-je ce que je vous dis, et n'en ferois autre chose. — Si le concile général, comme notre Saint Père, les cardinaux et autres membres de l'Eglise étoient ici, voudriez-vous vous en rapporter et vous soumettre à eux ? — Vous n'en tirerez de moi autre chose. — Voulez-vous vous soumettre à notre Saint Père le Pape ? — Menez-m'y, et je lui répondrai. »

Le 23 mai, à la seconde admonition, Pierre Maurice lui dit : « Croyez-vous que vous ne soyez point tenue de soumettre vos dits et faits à l'Eglise militante ou à autre qu'à Dieu ? — La manière que j'ai toujours dite et tenue au procès, je la veux maintenir quant à ce. »

Au cimetière de Rouen, le 24, elle dit à Erard : « Quant à la soumission à l'Eglise, je leur ai répondu. Je leur ai dit en ce point que toutes les choses que j'ai faites ou que j'ai dites soient envoyées à Rome, devers notre Saint Père le Pape, auquel, et à Dieu premier, je me rapporte ; et quant aux dits et faits que j'ai faits, je les ai faits de par Dieu..... De mes faits et dits je ne charge personne, ni mon roi, ni autre ; et, s'il y a quelque faute, c'est à moi et non à autre. — Je m'en rapporte à Dieu et à notre Saint Père le Pape. — Il ne suffit pas, répondit Erard ; on ne peut aller quérir notre Saint Père le Pape si loin ; les ordinaires sont juges, chacun dans leur diocèse. Besoin est que vous vous en rapportiez à notre sainte mère l'Eglise, et que vous teniez ce que les clercs et gens ayant de ce connaissance ont déterminé..... » On la somma ensuite d'abjurer ; Massieu lui expliqua le sens de ce mot et lui conseilla de s'en rapporter à l'Eglise. Elle dit alors à haute voix : « Je m'en rapporte à l'Eglise universelle si je dois abjurer ou non..... — Tu abjureras présentement ou tu seras arse (brûlée) aujourd'hui même, s'écria Erard ; » en même temps, tous la pressent de se soumettre et l'engagent à avoir pitié de sa propre vie. Elle dit enfin : « Je veux tenir ce que les juges et l'Eglise voudront dire..... Je veux obéir du tout à leur ordonnance et volonté. — Ne voulez-vous plus soutenir vos apparitions ? — Je m'en rapporte aux juges et à notre sainte mère l'Eglise. » Alors on lui fit signer une cédule d'abjuration..... Il faut se rappeler que le bourreau attendait au pied de l'échafaud, et que Jeanne, revenue à elle-même, pleura amèrement cette défaillance.

Ces témoignages prouvent premièrement : que Jeanne a voulu croire tout ce qu'une bonne chrétienne est tenue de croire, et, qu'en particulier, elle a cru à l'infaillibilité de l'Eglise. Par conséquent, si l'on trouvait quelque chose d'erroné dans ses sentiments sur l'obéissance due à 'autorité ecclésiastique, cette erreur serait purement matérielle.

Ils prouvent deuxièmement : que Jeanne en a véritablement appelé au Pape. Quel était le sens de son appel au Pape ? D'après les pièces du premier procès, elle aurait demandé que son affaire fût soumise au Pape, à qui elle déclarait s'en rapporter, notre Sire premier servi (cime-

tière de Rouen, 24 mai). Le second procès (1) accentue
beaucoup plus la déclaration d'obéissance et omet la réserve faite par ces mots : « Notre Sire premier servi ; »
termes qui, dans la bouche de Jeanne, excluaient la soumission pour le cas où le Pape aurait condamné ses
révélations. Le sens indiqué par le premier procès paraît
le seul vrai, puisqu'ailleurs Jeanne déclare toujours
qu'elle n'obéira pas à l'Eglise, si l'Eglise condamne ses
voix.

On se demandera peut-être, quelle est alors la portée
de son appel. Jeanne en appelle au Pape, parce que le
Pape est le supérieur des juges indignes qui siégent à
Rouen, parce qu'elle le suppose indépendant de l'influence anglaise, et qu'elle espère le persuader de l'origine divine de ses révélations, origine qui lui semblait
évidente pour tout homme exempt de préjugé et de
pression extérieure. Elle en appelle au concile de Bâle,
parce qu'on lui a dit que cette assemblée comptait autant
de membres du parti français que du parti anglais. Son
appel au Pape avait donc pour effet immédiat, s'il était
accepté, de la soustraire à des juges qui étaient des ennemis, et assurait le triomphe de sa cause.

Ils prouvent troisièmement : que Jeanne a constamment et formellement refusé de se soumettre à la décision
de l'Eglise militante, dans le cas où cette Eglise déclarerait ses révélations fausses et lui commanderait « chose

(1) Voici ce qu'il en est dit dans la sentence d'absolution : Les
Anglais « n'ont point voulu admettre et accepter les submissions,
récusations et appellations d'icelle, requérante estre menée au
Pape, se rapportant de son cas au Saint-Siége apostolique. »

contraire aux ordres de ses voix. » Ce refus blessait-il l'obéissance due à l'autorité ecclésiastique ? Etait-ce un acte de rébellion contre l'Eglise, et Jeanne doit-elle être considérée comme un martyr de la libre pensée ?

Toute l'histoire de Jeanne nous a montré en elle une sainte chrétienne, remplissant scrupuleusement tous ses devoirs religieux ; il serait donc bien étonnant de la voir faillir en ce point si grave de l'obéissance à l'Eglise. Aussi, en examinant bien ce fait, n'y trouve-t-on rien qui sente la révolte, l'insubordination contre l'autorité religieuse. Qui veut bien peser et bien comparer les réponses de l'accusée, l'absoudra de tout reproche de désobéissance.

Qu'est-ce que Jeanne refuse ? Est-ce de se soumettre au jugement de l'Eglise ? Non ; elle ne veut pas s'y soustraire, elle est bonne chrétienne et se reconnaît sujette de l'Eglise et de notre Saint Père le Pape. Elle demande qu'on la conduise à Rome. « Quant à la soumission à l'Eglise, dit-elle à Erard, le 24 mai, au cimetière de Rouen, je leur ai déjà répondu. Je leur ai dit en ce point que toutes les choses que j'ai dites ou que j'ai faites soient envoyées à Rome, devers notre Saint Père le Pape, auquel, et à Dieu premier, je me rapporte... Je m'en rapporte à Dieu et à notre Saint Père le Pape. »

Ce que Jeanne refuse, c'est :

Premièrement, d'accepter la décision du tribunal où siégent ses ennemis ; elle récuse comme juges Cauchon et ses assesseurs. Son refus était légitime. On a toujours reconnu à l'accusé le pouvoir de rejeter la sentence de juges inférieurs qui lui sont suspects ; et certes, ceux de

Rouen étaient bien suspects à la Pucelle! Leur haine contre les Français, leur lâche servilisme pour les Anglais, leur mépris des règles de la procédure enlevaient à leur sentence les conditions d'impartialité et de vérité qui imposent la soumission. Récuser le jugement de pareils hommes, c'était le droit de Jeanne. C'est en vain qu'ils veulent se donner eux-mêmes pour cette Eglise militante dont ils parlent, l'accusée comprend dans sa simplicité que de tels hommes ne sont pas, dans ces circonstances, les représentants de cette autorité, qu'elle respecte et qu'elle vénère.

Ce que Jeanne refuse, c'est :

Deuxièmement, de se soumettre à la décision de l'Eglise militante, dans le cas où cette Eglise condamnerait ses révélations comme ne venant pas du ciel.

Ce refus prouve-t-il un esprit d'insubordination dans la Pucelle ? Pas plus que le précédent.

En effet, ou bien Jeanne croyait à l'infaillibilité de l'Eglise en ce qui concerne l'origine de ses révélations, ou bien elle n'y croyait pas.

Si elle y croyait, son refus de soumission, si formel en apparence, était nul en réalité. D'une part, en effet, Jeanne était certaine que l'Eglise ne pouvait errer; d'autre part, elle était certaine de l'origine divine de ses voix et obligée d'y croire de foi divine, elle avait donc aussi la certitude que ses révélations ne seraient jamais condamnées par l'Eglise, et que son refus de soumission était attaché à une condition impossible, irréalisable. Ses paroles ne sont pas l'expression d'un refus, mais l'attestation de la vérité de ses révélations.

Si elle ne croyait pas à l'infaillibilité de l'Eglise touchant ce point particulier, ou si, ce qui me paraît le plus probable, elle était dans l'ignorance par rapport à cette question, elle pouvait légitimement, elle devait même refuser. Contre un doute, elle a une certitude ; elle doute si l'Eglise se trompera ou non sur l'origine de ses voix, et elle a la certitude, la certitude absolue que ses révélations sont divines, n'est-ce pas à la certitude qu'elle doit s'en tenir ?

On le voit, en toute hypothèse, sa conscience de catholique reste pure de toute tache de rébellion.

Quant à son ignorance sur ce point, elle n'a rien qui puisse nous étonner : Jeanne était une pauvre paysanne à qui sa mère n'avait appris que le « *Pater*, l'*Ave* et sa créance. »

On n'a pas le droit de taxer Jeanne de témérité ou d'obstination, pour avoir voulu défendre contre tous l'origine divine de ses voix. En effet, la parole immédiate de Dieu s'impose à celui qui l'entend et emporte sa foi ; lui résister serait d'ordinaire aussi impossible que criminel. Jeanne avait donc une foi infuse et divine en ses révélations, et ne pouvait sans pécher les révoquer en doute. Si l'on veut bien considérer les choses, sa conduite, qui de prime abord pourrait sembler assez louche, mérite au contraire toute notre admiration. Quelles angoisses en effet, ne durent pas torturer cette conscience mise en demeure de se prononcer entre la parole immémédiate de Dieu, et la parole de l'Eglise parlant au nom de Dieu ? Elle sait que la voix de ses révélations et la voix de l'Eglise sont également infaillibles, et d'après le sentiment de ses juges, ministres de l'Eglise, ces deux autorités se contredisent. Une foi vulgaire eût succombé, celle de Jeanne ne faillit pas. Notre héroïne sait garder en même temps sa croyance dans les vérités chrétiennes que l'Eglise nous propose à croire, et dans la parole de Dieu qui lui commandait de sauver la France. C'est donc en vain qu'on a prétendu faire de Jeanne un martyr de la libre pensée ; elle a constamment rendu à Dieu et à son Eglise l'obéissance qui leur est due.

CHAPITRE VII.

Le procès de Jeanne d'Arc et l'autorité ecclésiastique.

Le procès de Jeanne d'Arc, tragédie lamentable qui aboutit à un bûcher, a soulevé partout d'unanimes réprobations. Et véritablement, c'est une honte pour le clergé et pour la France qu'il se soit rencontré des prêtres et des Français capables de condamner au feu une sainte qui avait sauvé son pays : double forfait de prêtres juges trahissant la justice et souillant de sang leur caractère sacré. C'est une tache dans l'histoire de l'Inquisition et de l'Université de Paris.

Nommons les principaux coupables.

A la tête de ce tribunal inique, est Cauchon, évêque de Beauvais, qui siégea comme juge pendant tout le procès ; il représentait l'autorité diocésaine, qui intervenait concurremment avec l'Inquisition, pour la répression des crimes contre la foi. Il avait pour promoteur Jean d'Estivet, dit Benedicite.

Viennent ensuite les représentants de l'Inquisition : Jean Granerent, inquisiteur général en France, qui ne siégea point au procès, mais y délégua de sa part frère Jean Magistri, vice-inquisiteur, qui à partir du 15 mars, (1431) siégea comme juge et nomma, au nom du Saint-Office, le promoteur, l'huissier et les autres officiers déjà nommés par l'autorité diocésaine. Depuis le 15 mars, l'affaire se poursuivit au nom de l'Inquisition, et c'est contre les inquisiteurs en première ligne, puis contre les officiers de la cour épiscopale, que les parents de Jeanne intentèrent le procès de réhabilitation (1).

L'Université de Paris en masse prit part à cette affaire; cinq de ses recteurs et une trentaine de ses docteurs assistèrent aux interrogatoires. En outre, le conservateur en titre de ses priviléges était Cauchon.

Signalons encore Jean de La Fontaine, maître ès-arts, juge-commissaire : Guillaume Colles et Guillaume Manchon, greffiers, notaires apostoliques à l'officialité de Rouen : Jean Massieu, huissier, prêtre, doyen rural de Rouen : les évêques de Noyons, de Thérouanne, de Warwick : le chapitre de Rouen, qui, à une faible majorité, il faut le reconnaître, accorda territoire à l'évêque de Beauvais : enfin les abbés des principaux monastères de Normandie. La plupart de ceux que je viens de nommer agissaient par crainte du conseil du roi d'Angleterre ; un des membres les plus influents de ce conseil était le cardinal Henri d'Angleterre.

C'est donc un fait indiscutable que Jeanne fut condamnée par autorité ecclésiastique. Mais c'est contre toute justice que certains auteurs ont attaqué l'Eglise, son infaillibilité et son Inquisition, à l'occasion de ce crime d'hommes d'église et de tribunaux ecclésiastiques.

On a rejeté sur la doctrine de l'infaillibilité de l'Eglise, le crime des juges iniques que je viens de nommer. Ecoutons M. Henri Martin (2). « Il s'agit ici de bien

(1) Voir, au procès de réhabilitation, la sentence d'absolution.
(2) Jeanne Darc, p. 238.

autre chose que des vengeances des chefs anglais ou des
bassesses de leurs serviteurs français. Nous l'avons dit,
c'est ici la lutte de la tradition organisée et absolue, de
la règle extérieure, de l'infaillibilité constituée contre la
spontanéité individuelle, l'inspiration immédiate, la voix
intérieure. Oui, certes, c'est un grand péril que l'individu assume une telle responsabilité, mais le genre humain est fait pour avancer à travers les écueils; oui, sans
doute, il y a mille faux prophètes pour un vrai, mais ce
vrai renouvelle le monde qui périrait étouffé sous les
pouvoirs infaillibles. » D'après M. Henri Martin, c'est
donc à la doctrine de l'infaillibilité de l'Eglise qu'il faut
principalement imputer la condamnation de Jeanne.
Cette affirmation d'un ton si convaincu est complète-
ment fausse; quelques observations suffiront à le
prouver.

L'Eglise a établi des tribunaux pour juger ceux qui
se donnaient comme inspirés, et, selon le conseil de
l'Apôtre, pour discerner les esprits. A ces tribunaux elle
a prescrit une procédure qui écarte la plupart des chan-
ces d'erreur. Une telle conduite respirait la sagesse;
d'une part en effet, elle sauvegardait la révélation essentielle qui a été définitivement complétée par le Christ,
et garantissait le peuple chrétien de la séduction des
faux prophètes; d'autre part, si la fragilité humaine en-
traînait infailliblement quelques erreurs, ces erreurs ne
lésaient que les intérêts des particuliers. C'est ainsi que
dans toute société il faut des tribunaux pour faire respecter la loi, bien que les individus puissent être, de fois
à autre, injustement punis par des juges nécessairement

faillibles. Mais l'Eglise n'a jamais réclamé l'infaillibilité pour elle-même, ni pour ses tribunaux, toutes les fois qu'il s'est agi de juger les intentions d'un accusé ou l'origine de sa prétendue inspiration. Ce n'est donc nullement en vertu du dogme de l'infaillibilité de l'Eglise, entendu comme l'entend l'Eglise, que l'Inquisition a condamné Jeanne.

Sans doute les juges, dans leurs interrogatoires, ont mis en avant l'infaillibilité de l'Eglise, et un de leurs griefs contre l'accusée a été son refus de se soumettre à la décision qui déclarerait ses révélations fausses ; mais ils n'avaient pas le droit de faire cette supposition. Ils savaient bien dans leur âme et conscience que le Pape ne condamnerait jamais les révélations de Jeanne comme diaboliques. Allons jusqu'au bout : supposons le Pape aussi lâche ou aussi aveugle que les juges de Rouen ; il exigera de Jeanne une rétractation qu'en conscience elle ne pourra donner ; qu'arrivera-t-il ? Jeanne devra monter sur le bûcher. Mais sera-ce en vertu du dogme de l'infaillibilité ? Nullement. Ce sera parce que le bien public exige que les jugements des autorités constituées, quoique sujets à l'erreur, soient exécutés. Ainsi, plus d'une fois, la société civile a dû punir l'innocent que ses tribunaux avaient déclaré coupable.

L'infaillibilité de l'Eglise, je le répète, n'est pour rien dans cette affaire, l'Eglise ne l'a jamais réclamée en ces matières. Elle juge de la doctrine des inspirés avec infaillibilité, et ne prétend pas davantage ; seulement ses tribunaux, comme tous les tribunaux du monde, doivent être par elle réputés infaillibles ; autrement le coupable pourrait toujours échapper aux coups de la justice, et renverser la société que soutiennent les pouvoirs infaillibles.

Quant à ce que dit M. Henri Martin : qu'un vrai prophète renouvelle le monde ; cela était vrai avant le Christ. C'est pourquoi le Christ était annoncé de manière à ne pouvoir être méconnu que par les hommes de mauvaise volonté. Depuis lors, la continuelle régénération du monde est confiée à l'Eglise, qui est comme l'incarnation du Christ. Les révélations particulières, qu'une erreur des tribunaux ecclésiastiques pourrait condamner, n'auront donc jamais qu'une importance relative limitée.

M. Henri Martin ajoute : qu'à Rouen, Jeanne combattit pour la liberté de la conscience humaine contre le despotisme de l'autorité ecclésiastique. C'est encore une erreur. Jeanne lutta, je l'ai montré, pour garder sa foi en la parole que Dieu lui avait miraculeusement fait entendre ; elle lutta non point contre l'autorité ecclésiastique, mais contre la haine et la lâcheté de gens d'église, qui abusèrent de l'autorité qui leur était confiée pour accomplir d'iniques projets. Quant à la calomnie que le même auteur déverse sur le clergé romain, l'accusant d'avoir voulu prononcer en dernier ressort sur l'existence de la France, elle ne mérite pas de réponse.

S'il a été facile de faire justice de la première objection, il l'est moins de réfuter la seconde ; non pas qu'elle soit plus fondée en raison, mais elle est plus spécieuse et surtout plus répandue. Voici le résumé des attaques dirigées contre l'inquisition, à propos de la condamnation de Jeanne d'Arc.

L'établissement de l'Inquisition a été la grande faute de l'Eglise au moyen-âge. L'Inquisition, en effet, blessait la liberté individuelle, et elle a versé des flots de sang innocent qui sont retombés sur l'Eglise, et l'ont fait descendre à l'état de faiblesse, où elle se trouve maintenant. Ainsi, l'Inquisition attaqua injustement Jeanne d'Arc dans la foi qu'elle avait à ses révélations, et, en la condamnant au feu, elle attira sur l'Eglise l'anathème mérité de tous les siècles.

Telle est l'objection présentée dans toute sa force. Je pourrais d'abord l'écarter en observant que la condamnation de Jeanne ne doit pas être imputée au Saint-Office lui-même, mais exclusivement au crime personnel des juges. Jeanne eût été infailliblement acquittée, si les juges eussent suivi les règles de la procédure et obéi au dictamen de leur conscience ; quiconque a lu le procès de réhabilitation, n'en saurait douter. Ce n'est donc point sur la procédure inquisitoriale qu'on a ouvertement violée en plusieurs points et torturée en mille manières, durant tout le cours du procès, qu'il faut rejeter la catastrophe de Rouen, mais bien sur la haine de Cauchon et des Anglais, et sur la lâcheté des autres. Attaquer l'Inquisition, à cause de la perversité accidentelle de quelques-uns de ses fonctionnaires, c'est commettre la même faute que d'attaquer la justice d'un grand pays, à cause de l'iniquité de quelques-uns de ses juges.

La condamnation de Jeanne a, sans doute, attiré des anathèmes sur l'Eglise, mais ces anathèmes étaient immérités. C'est un des inconvénients de l'Inquisition d'avoir servi de prétexte aux attaques des ennemis de

7

l'Eglise ; mais à défaut de ce prétexte, leur haine eût bien su en inventer d'autres.

Allons maintenant au fond de la question et suivons les adversaires sur le terrain des principes, où il leur a plu de la transporter. L'établissement du Saint-Office, c'est-à-dire, la recherche et le jugement des crimes contre la foi, suivis du recours au bras séculier pour leur répression, constitue-t-il une attaque à la liberté individuelle ?

Pour un vrai catholique, cette question peut à peine faire l'objet d'un doute. En effet, l'Eglise dirigée par l'Esprit-Saint dans tout ce qui intéresse le gouvernement général du monde chrétien, l'Eglise, par la bouche de ses Papes, de ses conciles et de ses docteurs, a approuvé et ordonné maintes fois le recours au bras séculier, et en particulier, l'établissement et la procédure générale de l'Inquisition (1). Or, l'Eglise ne fait, ni même n'approuve tacitement rien qui soit contre la justice. Mais laissons cet argument qui a peu de poids aux yeux des auteurs modernes, et considérons les choses à un autre point de vue.

A l'époque où fut établie l'Inquisition, l'Eglise était considérée par tous, et se considérait elle-même, ce qu'elle fait encore, comme l'unique source de la vérité religieuse, comme l'arche hors de laquelle il n'y a point de salut. Elle se croyait chargée de conduire tous les hommes au ciel, et par le baptême tous les individus des royaumes chrétiens devenaient ses sujets. Les sages de

(1) Voir l'ouvrage de M. Jules Morel à ce sujet.

ce temps regardaient les peines temporelles et le secours du bras séculier comme un puissant moyen pour maintenir dans la véritable voie les sociétés et les individus.

En agissant conformément à ces principes, l'Eglise outrepassait-elle ses droits ? Attaquait-elle injustement la liberté individuelle ? Evidemment non. En effet, le salut, l'obtention de la vie éternelle étant la fin dernière de l'existence humaine, la raison exige que tous les biens, les richesses, la liberté, la vie même, soient sacrifiés à ce but suprême. En punissant l'hérétique, en vertu de la mission qui lui incombe de conduire les hommes au ciel, l'Eglise agissait donc raisonnablement. Elle ravissait à l'individu sa liberté externe ; mais pour lui donner un bien infiniment plus précieux, la gloire du paradis. Le coupable ainsi frappé n'avait pas plus le droit de se plaindre que le malheureux retiré, par une main charitable, des flots où il voulait finir ses jours. Deux droits se trouvaient en présence : le droit de l'individu à mal faire, si tant est qu'on puisse donner ce nom à la liberté du mal, et le droit que possède l'Eglise de conduire tout chrétien au port du salut, droit qu'elle tient immédiatement de Dieu. Le plus noble de ces droits devait l'emporter, et la liberté externe de l'individu ne pouvait entrer en balance avec la fin que se proposait l'Eglise.

Mais, dira-t-on, au nom de quelle autorité l'Eglise prétendait-elle sauver celui qui ne le voulait pas ? Dieu lui-même ne convertit pas celui qui s'y refuse absolument, et pour arriver au ciel, il faut le vouloir. L'Eglise n'avait donc pas le droit d'attaquer la liberté de la conscience humaine que Dieu respecte. L'Eglise n'attaquait point en elle-même la liberté de la conscience humaine ; mais elle écartait, malgré l'individu, devenu son sujet par le baptême, tous les obstacles extérieurs qui s'opposaient au bon exercice de cette liberté, et l'entourait encore malgré lui, de tous les moyens capables d'incliner au bien son libre arbitre. Le sanctuaire de la conscience n'était donc nullement profané, du reste, il est inaccessible à toute violence venant du dehors. L'Eglise faisait pour ses enfants rebelles, ce que fait un père qui n'épargne point la verge pour ramener au bien un fils égaré. En somme, l'Eglise usait, pour le bien de l'individu, d'un droit qu'elle croyait, à juste titre, tenir du ciel ; l'individu était plus ou moins dépouillé de ses biens temporels, mais en vertu d'un droit supérieur et pour son bien. Il n'y avait donc point d'injustice commise contre sa liberté. Que de fois, au nom de ses intérêts purement temporels, l'individu ne s'est-il pas vu privé de ses droits civils, et séquestré ? et cependant, personne ne s'en plaint.

Le second et principal motif sur lequel s'appuyait l'Eglise suffit, à lui seul, pour légitimer l'établissement de l'Inquisition. L'Eglise instituait le Saint-Office dans des sociétés entièrement chrétiennes, c'est-à-dire, formées de membres exclusivement chrétiens, et constituées dans leurs principes fondamentaux, d'après les lois du christianisme. Dans un pareil milieu, la présence d'un hérétique est toujours un danger. Ce danger, l'Eglise était obligée de le prévenir, et elle le prévenait en livrant l'hérétique au bras séculier ; elle était dans son droit, puisqu'elle avait l'étroite obligation de détourner ses enfants des voies du mal. On n'a pas le droit de réclamer au nom de la liberté individuelle, parce que là ou commencent les droits d'autrui, cesse notre liberté. La société chrétienne avait le droit de n'être ni scandalisée, ni pervertie par la profession de l'hérésie et les autres crimes contre la foi ; l'individu qui se rendait coupable d'un crime de cette espèce, se mettait donc lui-même hors la loi, attaquait les principes de la société et méritait punition.

On répondra peut-être, que tous ces arguments supposent que la vérité est dans la seule Eglise catholique. En effet, la conduite de l'Eglise dans l'établissement de l'Inquisition repose sur cette croyance; mais l'Eglise l'avait cette croyance, comme elle l'a encore, comme elle l'aura toujours. Sa foi repose sur des raisons que les attaques des adversaires n'ont pas encore entamées. La croyance de l'Eglise était donc raisonnable, et sa conduite était la suite logique de sa doctrine.

On fait cependant une autre objection, dont il est bon de dire un mot. La violence extérieure ne pouvait amener les résultats que se proposait l'Eglise, par conséquent, les tortures de l'Inquisition étaient parfaitement inutiles. L'Eglise, dirigée par l'Esprit-Saint, en a jugé autrement, les hommes les plus éclairés de cette époque ont pensé comme elle, et cela pendant des siècles ; ils connaissaient leur temps mieux que nous, et nous n'avons pas le droit de les accuser d'erreur. Des lois qui pourraient maintenant nuire à la société ont pu lui être utiles autrefois. Du reste, l'Inquisition est impossible dans les sociétés actuelles, parce que ces sociétés ne sont point assez chrétiennes, et n'ont point basé leurs constitutions sur les principes évangéliques.

En résumé, l'Eglise, dans l'établissement de l'Inquisition, agissait en vertu de l'autorité qu'elle croyait, à juste titre, tenir du ciel, elle agissait en vue du bien suprême des particuliers et des sociétés ; elle n'excédait pas les limites de son pouvoir, et ne lésait en rien les droits des individus.

L'Inquisition a versé des flots de sang innocent ; c'est là le thème des déclamations journalières des ennemis de l'Eglise. Mais le sage n'avance rien sans preuve ; et les flots de sang innocent se réduisent, au total, à deux ou trois victimes innocentes. Sans doute, il faut déplorer ces lamentables accidents ; mais quel est le tribunal dont les juges n'aient jamais failli, et dont les annales n'aient jamais eu à enregistrer les tristes résultats de l'erreur ou de la perversité humaines ? Est-ce à l'institution qu'il faut s'en prendre du crime des particuliers ? Dans le procès de Jeanne, comme dans les autres affaires qui font tache dans l'histoire de l'Inquisition, le mal ne vient point des règles établies par le Saint-Office, mais uniquement de la méchanceté des juges qui les appliquaient. Inévitablement, ce tribunal devait, de fois à autre, faillir, vu la faiblesse de l'homme, cet homme fût-il un prêtre ou un évêque ; mais, pour des abus, produisant un mal passager et individuel, fallait-il désarmer la société chrétienne tout entière ? Alors il faudrait détruire tous les tribunaux, puisque tous les tribunaux sont faillibles.

On dit encore que ce sang innocent est retombé sur l'Eglise. Oui, des écrivains hostiles ont commis l'injustice de rejeter sur le corps entier de l'Eglise, les crimes de quelques-uns de ses membres ; ils ont dit que c'était une Eglise de sang. Mais, si l'Eglise redoutait les calomnies de ses ennemis, elle resterait constamment dans l'inaction. Heureusement, elle s'est toujours souvenue des exemples et des paroles du Christ; elle sait que le disciple ne sera pas traité avec plus d'égards que le maître. Le sang de l'innocent retombe sur le persécuteur, comme la calomnie sur le calomniateur. Le sang de Jeanne est retombé sur les juges qui l'ont condamnée, et presque tous ont été visiblement punis de Dieu, mais il n'est point retombé sur l'Eglise, parce que Dieu est juste, et que l'Eglise n'était point coupable. Quant aux anathèmes que lui jettent ses ennemis, elle les méprise.

Il est encore, à propos du procès de Jeanne, une attaque à repousser. A la vue de la monstrueuse dégradation que nous révèlent les actes de ce drame funèbre, on s'est demandé d'où provenait un tel abaissement des caractères dans le clergé français de cette époque. Des auteurs malveillants ont voulu en trouver la cause dans les principes posés par les grands docteurs du treizième siècle, et dans les subtilités de la scolastique. Ainsi, ils ont rejeté cette dégradation sur l'Eglise elle-même, qui avait la haute main sur les écoles. Evidemment, c'est encore là une calomnie. En effet, les études des universités de ce temps étaient, pour le fond, les mêmes que celles des écoles ecclésiastiques actuelles. Les principes n'ont pas changé, puisque ces principes sont les dogmes de la foi. S'en prendre aux subtilités de la scolastique « qui avaient desséché ces cœurs de savants, qui ne méritaient plus le nom d'hommes, » c'est encore une injustice. Que présentent, en effet, les subtilités de la scolastique, de plus abs-

BIBLIOTHÈQUE IMPÉRIALE

trait, de plus desséchant que les sciences exactes? surtout si, comme le veut l'Eglise, on ajoute à l'étude, des exercices de piété, capables de raviver et.de rafraîchir le cœur? Quant aux principes posés par les grands docteurs du treizième siècle, ils sont l'expression de la vérité. Ils n'ont pas plus contribué au martyre de Jeanne d'Arc, que les principes posés par les grands juristes, ne contribuent au supplice des innocents qui périssent victimes des erreurs ou des passions du juge.

La source de cette perversité qui nous étonne, dans les gens d'église qui ont condamné Jeanne, n'est autre que la perversité et la faiblesse inhérentes à la nature humaine, accrues par les circonstances particulières de l'époque. Il faut se rappeler qu'à ce moment, l'Eglise était déchirée par le grand schisme d'Occident, que la France gémissait, depuis de longues années, victime de la guerre extérieure et des révoltes intestines, que ce siècle est celui des maillotins et des cabochiens, celui des luttes affreuses des Bourguignons et des Armagnacs, celui de l'assassinat du duc d'Orléans et de Jean-sans-Peur. Il ne faut pas oublier non plus, pour être juste, que l'Anglais pesa de toute son autorité sur les décisions des juges, et que la peur fit chez le plus grand nombre, ce qui, chez quelques-uns, était le résultat de la haine. C'est une chose triste à dire, mais incontestable, pour quiconque a lu l'histoire de ce siècle tourmenté, les juges qui ont condamné Jeanne valaient leurs contemporains.

Ils ont donc commis une grande injustice, ceux qui se sont fait du nom de cette héroïne, une arme contre l'Eglise. Heureusement, ils ont contribué pour leur part, à faire luire la vérité sur cette belle figure à moitié voilée jusqu'ici, et il est facile maintenant de reconnaître en elle les traits d'une inspirée et d'une sainte chrétienne. Un jour viendra, je l'espère, où l'Eglise couronnera Jeanne de la gloire des Saints, et se glorifiera ainsi elle-même dans la noble enfant qui sauva la France (1).

(1) C'est le vœu et l'espoir exprimés cette année même, par M. l'abbé Freppel, dans son panégyrique de Jeanne d'Arc.

TABLE DES MATIÈRES.

———

271

www.ingramcontent.com/pod-product-compliance
Lightning Source LLC
Chambersburg PA
CBHW052139090426
42741CB00009B/2142